Victoria B. Robinson

111 Gründe, Männer zu lieben

Ein Lobgesang auf das starke Geschlecht

Schwarzkopf & Schwarzkopf

INHALT

Kapitel 3: Die Gründe 23 – 33
SUPERHELDEN

Weil Männer unsere Helden sein wollen – Weil Männer schwere Einkäufe tragen – Weil Männer sich für uns mit Idioten anlegen – Weil Männer uns beschützen wollen – Weil Männer uns so sehr beeindrucken wollen, dass sie die Wahrheit neu erfinden – Weil Männer nicht aufgeben, auch wenn es längst an der Zeit wäre – Weil Männer beim Einparken cool bleiben – Weil Männer aus allem einen Wettbewerb machen – Weil Männer uns ihre Jacken geben und tapfer frieren – Weil Männer gern zur Stelle sind, wenn uns ein anderer verletzt hat – Weil Männer sich um Ungeziefer kümmern

Kapitel 4: Die Gründe 34 – 44
VÄTER

Weil Männer uns zu Müttern machen – Weil Männer stolz auf ihren Nachwuchs sind – Weil Männer gute Vorsätze haben, wenn es um ihre Vaterrolle geht – Weil Männer mit uns schwanger werden – Weil Männer in der Schwangerschaft kaum ertragen, dass sie so wenig machen können – Weil Männer durch ihre Kinder bessere Menschen werden – Weil Männer ihre Töchter vor miesen Typen warnen – Weil Männer uns das Fahrradfahren beibringen – Weil Männer es kaum ertragen, wenn wir weinen – Weil Männer uns den Hintern versohlen – Weil Männer gern den Sugar-Daddy spielen

Kapitel 5: Die Gründe 45 – 55
ENTERTAINER

Weil Männer gerne schlechte Witze erzählen – Weil Männer unglaubliche Tänzer sind – Weil Männer Ausreden parat haben, über die man nur lachen kann – Weil Männer nicht müde werden, »Ich weiß nicht, wie das geht« zu spielen – Weil Männer ihre Körperfunktionen so amüsant finden – Weil Männer über Chuck-Norris-Witze lachen können – Weil Männer sich sogar in Elefanten-Tangas verpacken, weil sie denken, das wäre sexy – Weil Männer zur Hochform auflaufen, wenn ihre Partnerin in der Nähe ist – Weil Männer großartig über ihre Fehltritte singen können – Weil Männer eine Plattensammlung zum Vorführen haben – Weil Männer ihre wilde Seite im richtigen Moment zeigen

BODY

Weil Männer starke Hände und breite Schultern haben – Weil Männer von Cellulite verschont bleiben – Weil Männer einen Penis haben – Weil Männer-Nippel so sensibel sind wie unsere – Weil Männer auch Komplexe haben – Weil Männer uns beweisen, dass man früher stirbt, wenn man ungesund lebt – Weil Männer sich richtig Mühe geben, wenn sie kleiner geraten sind – Weil Männer sich pflegen (zum Glück haben sie sich geändert) – Weil Männer mit dem Alter interessanter werden – Weil Männer sich auch ohne Dusche, Rasur & Bodylotion pudelwohl fühlen – Weil Männer auf ihren Bartwuchs stolz sind

WARMDUSCHER

Weil Männer gerne kuscheln – Weil Männer sich schuldig fühlen, wenn sie Mist gebaut haben – Weil Männer lieber uns entscheiden lassen – Weil Männer aufblühen, wenn wir sie loben – Weil Männer ohne uns hilflos sind – Weil Männer vor uns weinen – Weil Männer sich beim kleinsten Schnupfen in quengelnde Patienten verwandeln – Weil Männer leicht zu überzeugen sind – Weil Männer uns zuliebe draußen rauchen oder sogar ganz aufhören – Weil Männer sich für uns vor ihren Freunden blamieren – Weil Männer für uns ihren Männerabend absagen

ANPACKER

Weil Männer am Strand Windzelte, Sound-Anlagen und tragbare Grills aufbauen – Weil Männer uns beim Umzug helfen – Weil Männer Dinge machen, von denen sie keine Ahnung haben (natürlich ohne Gebrauchsanweisung) – Weil Männer so herrlich impulsiv sind (und sich dabei oft weh tun) – Weil Männer lange Autofahrten lieber selbst übernehmen – Weil Männer Werkzeuge bei sich haben oder sie aus irgendwelchen Utensilien bauen – Weil Männer uns auf Händen tragen – Weil Männer nach dem IKEA-Einkauf alles ins Auto kriegen – Weil Männer uns Dinge basteln oder bauen – Weil Männer unsere Reste aufessen – Weil Männer sich auch mit ihren besten Freunden schlagen und sich danach wieder verstehen

Yes, I'm My Brother's Keeper!

Ich danke all den Männern, die mir begegnet sind, bis einer mit voller Wucht mein Herz erobert hat und es jetzt ausbaden und sein Leben mit mir verbringen muss.

Ich widme dieses Buch meinen ganz persönlichen Superhelden Richard und Uli und meinem großen Bruder sowie meinem persönlichen Support-Team Urs, Marcin und Pat und all meinen tapferen Brüdern, die Schritt um Schritt gehen und aufeinander aufpassen.

Und ich widme dieses Buch natürlich den Frauen, die meine Lieblings-Männer auf die Welt gebracht haben.

Danke!

Weil Männer gar nicht so schlecht sind wie ihr Ruf

Noch vor wenigen Jahren hätten meine Freundinnen entweder einen Schock oder einen Lachkrampf bekommen, wenn ich ihnen erzählt hätte, dass ich ein Buch über Männer schreibe. Ein Buch, in dem Männer positiv wegkommen und nicht etwa gevierteilt werden.

Ich gehörte zu der Fraktion von Frauen, die mehrmals täglich »Scheiß-Männer« sagten und sich gewünscht hätten, lieber lesbisch auf die Welt gekommen zu sein. Auf Männer hätte ich in meinem alten Leben am liebsten komplett verzichtet und konnte es doch nicht lassen, es immer wieder mit ihnen zu versuchen. Um dann immer wieder zu beschließen, genau das nicht mehr zu tun. Der Jojo-Effekt schlug unerbittlich zu.

Völlig unerwartet geschah dann in den letzten Jahren etwas Wunderbares: Ich begann, Schönes und Liebenswertes an Männern wahrzunehmen, ihre Anwesenheit und Aufmerksamkeit zu genießen und neben meinem Bruder noch weitere Männer uneingeschränkt zu lieben. Und plötzlich erschien auch der eine oder andere Mann aus der Vergangenheit in einem ganz anderen Licht.

Mittlerweile erinnere ich mich gerne an die tollen Männer zurück, die mir in meinem Leben begegnet sind. Kristoff zum Beispiel, der mir das Fahrradfahren beigebracht hat – und das in einem Alter, in dem es schon lange peinlich war, es nicht zu können. Vom Schwimmen ganz zu schweigen.

Da brauchte es einen Mann mit Geduld und Diskretion. Und plötzlich war er da und machte einen wundervollen Job. Das mit dem Radfahren klappt zumindest ganz gut. Und im Wasser gehe ich auch nicht unter. Ob das besonders elegant aussieht, ist natürlich eine andere Frage.

Darüber hinaus gab es noch viele andere Männer, die mein Leben interessanter, lustiger und aufregender gemacht haben. Heute weiß ich, dass auch Männer es verdienen, geliebt zu werden. 111 Gründe dafür habe ich vorbereitet. Für alle, die sich noch immer überlegen, Männer aufzugeben. Für alle, die noch Hoffnung haben. Und natürlich auch für alle, die erkannt haben, dass Männer uns ganz wunderbar ergänzen. Der Deckel passt nämlich tatsächlich auf den Topf. Frau muss sich nur darauf einlassen.

Und für die Männer ist dieses Buch fast so etwas wie eine Anleitung dazu, wie man einen hoffnungslosen Fall von Frau vielleicht doch noch von den eigenen Qualitäten überzeugen kann. Da Männer allerdings keine Gebrauchsanweisungen lesen (siehe Grund Nr. 80), wird sich da wohl nicht viel tun. Schade eigentlich. Die Arbeit bleibt mal wieder an den Frauen hängen ...

»Die Schönheit brauchen wir Frauen, damit die Männer uns lieben, die Dummheit, damit wir die Männer lieben.«
Coco Chanel

KAPITEL EINS

LOVER

»*Auch denken heute viele, Viagra sei ein Allheilmittel.
Wenn ein Mann mit einer Erektion vom Boden bis zur Decke
nach Hause kommt, zuvor aber nie das Geschirr abgewaschen,
immer ihren Geburtstag vergessen und sie nie zum Essen ausgeführt
hat, dann wird diese Frau ihm schon sagen, wohin er sich seine
Erektion stecken kann. Die zwischenmenschliche Beziehung
muss stimmen, wenn der sexuelle Verkehr klappen soll.*«
RUTH WESTHEIMER

Weil Männer nach Mann riechen

Es wäre glatt gelogen, wenn ich behaupten würde, dass Männer im Allgemeinen gut riechen. Das tun sie nicht. Sie riechen nicht nach Veilchen, nicht nach Vanille und auch nur ganz kurze Zeit nach frisch geduscht. Und manchmal riechen sie sogar richtig übel, zum Beispiel nach einem feucht-fröhlichen Abend mit dem alten Kumpel, der gerade in der Stadt ist.

Aber sie strömen auch permanent Gerüche aus, an denen wir den passenden Partner erkennen können. Wir Frauen wählen unsere Liebhaber nämlich ganz unbewusst mit unserer feinen Nase aus und nehmen den, der den gesündesten Nachwuchs verspricht. Wenn das Immunsystem zu unserem passt, es also gut ergänzt, werden wir willenlos. Dann lieben wir es, den Geruch seines getragenen Shirts ganz tief einzuatmen und uns noch mal in sein Kissen zu kuscheln, wenn er aufgestanden ist. Und das hat absolut gar nichts mit seinem Aftershave zu tun. Trotzdem parfümieren sich einige aus Unsicherheit komplett ein. Manche sogar mit sündhaft teuren Pheromon-Sprays, die für Körper und Raum erhältlich sind. Die sollen dann unwiderstehlich machen und bei uns die richtig animalischen Triebe an die Oberfläche bringen. Ob sie tatsächlich wirken, weiß keiner so genau, verkaufen tun sie sich offenbar.

Aber der Geruch, auf den wir wirklich stehen, kommt ja aus jeder Pore. In unterschiedlicher Intensität nehmen wir ihn immer bei unserem Mann wahr, ob er nun gerade Holz gehackt hat oder aus der Badewanne kommt.

Mir verrät der Geruch eines Mannes ganz schnell, ob ich Lust darauf habe, mich an seiner Brust zu reiben, an seinem Körper zu lecken und mich von ihm umarmen und festhalten zu lassen. Ob ich will, dass er meinem Körper nahekommt und ob ich mir vorstellen kann, neben ihm einzuschlafen. Wenn ich das kann, dann suhle ich mich gerne in seinem Geruch. In der puren Männlichkeit. Schon mehrmals lag ich in meinem Bett und habe darüber nachgedacht, mich von einem aktuellen Partner zu trennen. Und schon mehrmals wurde diese Entscheidung zumindest verzögert, weil ich einen Hauch von seinem Kopfkissen wahrgenommen und dabei gemerkt habe, wie gerne ich ihn rieche.

Ich halte es für eine Ironie des Schicksals, dass Parfums und Deos den eigenen Körpergeruch nicht zu überdecken vermögen. Die Frau wählt den Mann und ist davon höchstens dann abgelenkt, wenn sie hormonell verhütet und ihre Sinne dadurch blockiert sind. Ein Professor Hatt hat vor Kurzem herausgefunden, dass sogar Spermien riechen können und so den Weg zur nach Maiglöckchen duftenden Eizelle finden. Wäre wohl ein tolles Verhütungsmittel, wenn man die kleinen Krieger mit einer Geruchsfährte irreleiten könnte. Bis dahin sorgt unser Geruchssinn jedenfalls dafür, dass wir nicht von dem Falschen schwanger werden. Zumindest biologisch gesehen.

> »Weil wir nun fleischlich sind und aus fleischlicher
> Begierde entstanden, so muss unser Verlangen
> oder unsere Liebe beim Fleische anfangen.«
> BERNHARD VON CLAIRVAUX

Weil Männer am zufriedensten sind, wenn sie uns glücklich gemacht haben

Es gibt so einige Momente in einem Männerleben, die sie mit einem durch und durch zufriedenen Lächeln und strahlenden Augen durch die Welt gehen lassen und in denen alles andere keine Rolle mehr spielt. Dazu gehören natürlich gefallene Tore für das favorisierte Team bei der Meisterschaft – ob Welt, Europa, national oder regional spielt keine Rolle –, das neu gekaufte Auto und der Moment, in dem Mann das Gefühl hat, die Frau, mit der er seine Zeit verbringt, vollkommen glücklich gemacht zu haben. Befriedigt sozusagen. Wenn er sich als der Held fühlt, der sie beglückt hat. Ganz alleine. In dem Bewusstsein, dass kein anderer das jemals so gut oder noch besser könnte.

Und das ist auch der eigentliche Grund dafür, dass so viele Frauen es im Bett mit ihrer Lobhudelei ein kleines bisschen übertreiben. Ihm sagen, dass er der Beste, Längste, Tiefste und Größte ist, den es jemals gab. Ach was, den sie sich überhaupt vorstellen können. Der Grund, warum sie enthusiastisch jauchzen, ihn anfeuern und sich vor lauter Begeisterung einfach gar nicht mehr einkriegen können. Nicht, damit es schnell vorbei ist, sondern einfach, weil es so schön und so intim ist, wenn er sich ihr stolz und glücklich wieder zuwendet und sie zärtlich auf die Stirn küsst. Wenn er mit einem zufriedenen Lächeln einnickt und auch im Schlaf noch wohlig vor sich hin brummt und sich liebevoll an sie kuschelt. Nun wird er sich nicht mehr von den Geschichten der anderen Jungs verunsichern lassen, die ihre

Ladys angeblich zittern, schreien und vom Boden abheben lassen. Seine Männlichkeit wird das nicht mehr ankratzen, weil er ganz sicher ist, dass seine Frau mit ihm voll zufrieden ist. Und damit ist er auch zufrieden mit sich und seiner Leistung.

Frauen wissen, dass man einen Mann so für mindestens einen Tag lang glücklich machen kann. Dass er sie noch mehr liebt, wenn er weiß, dass er sie glücklich macht. Und dass er sich beim nächsten Mal noch mehr Mühe geben wird, wenn er schon beim letzten Versuch so viel Lob bekommen hat. Plötzlich reagiert er sehr gerne auf Hinweise wie: »Es macht mich ganz verrückt, wenn du …«

So kann man ihn Stück für Stück so weit schulen, dass er uns wirklich zum Schreien bringt. Ganz ohne Übertreibungen. Einfach, weil es raus muss.

»Wahre Befriedigung erhält man nur selten durch Sex,
aber immer durch die Gewissheit, einen anderen
Menschen glücklich gemacht zu haben!«
PETER USTINOV

GRUND NR. 3

Weil Männer von uns
keinen perfekten Körper erwarten

Frauen-Zeitschriften verkaufen sich deswegen so gut, weil sie uns einreden, dass Frauen so aussehen müssen wie intensiv mit Photoshop bearbeitete Models von ungefähr 15 Jahren. Und anschließend behaupten sie dann, die richtigen Tipps und Tricks zu haben, um unsere Körper, Frisuren und Gesichter ganz langsam (oder in drei Tagen) in Richtung Angelina Jolie oder Halle Berry zu morphen. Man versucht uns einzureden, dass Männer ausschließlich von genau diesen Frauen träumen und eine wirkliche Person – mit Mimik, Körperformen sowie einem Gesicht, das offensichtlich mehr als zwölf Lebensjahre hinter sich hat – niemals sexy finden könnten. Doch genau das tun Männer. Die guten zumindest. Und davon gibt es mehr, als gemeinhin angenommen wird.

Wir selbst können das allerdings oft gar nicht glauben, wo schon unsere Mütter ein halbes Leben lang diätet haben und auch die eine oder andere Oma sich im Rentenalter noch mit Süßstoff quält. Manchmal können wir uns so schwer vorstellen, dass ein Mann irgendetwas jenseits einer Schaufensterpuppe attraktiv findet, dass sich Frauen sogar fragen, warum ein toller Typ mit genau *der* zusammen ist. Obwohl sie nicht Kate Moss heißt und erst recht nicht so aussieht.

Die Erklärung ist ganz einfach: Weil Männer, ebenso wie wir, auf unterschiedliche Facetten einer Person abfahren. Auf Geruch, auf das Gefühl von weicher Haut, auf Berüh-

16

rungen, auf unsere Stimme, auf unseren Po, die Schenkel und vielleicht auch auf den lustigen großen Zeh oder das schiefe Ohrläppchen. Von den Muttermalen mal ganz abgesehen. Und auf die Brust, die einen Tick größer ist als die andere.

Natürlich gibt es auch Männer, die sich mit angeblich lebensechten Puppen aus einem Silikon-Mischmaterial vergnügen und sich einreden, damit total glücklich zu sein. Aber die anderen wollen eine echte Frau. Mit Eigenheiten, die sie von all den anderen Frauen da draußen unterscheidet. Und wenn wir mal anfangen würden, ihnen das zu glauben, anstatt sie mit Fragen wie »Findest du meine Schenkel zu dick?« oder »Findest du diese Frau da sexy?« zu malträtieren, könnten wir viel mehr Spaß mit ihnen haben. Männern reicht es, dass die Darstellerinnen in Erotik-Filmen wie Gummipuppen aussehen. Bei uns sind sie froh, dass wir nicht so makellos sind, dass sie sich für ihre eigenen Fehler schämen müssten.

»Menschen, an denen nichts auszusetzen ist,
haben nur einen Fehler: Sie sind uninteressant.«
ZSA ZSA GABOR

GRUND NR. 4

Weil Männer sich für ein Date mit uns stylen

Das Schönste an einem Date mit einem Mann ist zu sehen, wie viel Mühe er sich deswegen gegeben hat. Wenn das Aftershave zu riechen ist, man einen kleinen Schnitt vom eiligen Rasieren erkennt, die Haare gestylt sind und glänzen und wenn er bei der kleinsten Gesprächspause sofort nervös wird. Oder irgendeine andere Kleinigkeit schiefgeht.

Manchmal ist offensichtlich schon beim Stylen etwas schiefgelaufen. Da sind blutige Taschentuch-Reste im Gesicht kleben geblieben oder die Pickel-Creme hängt noch an der Stirn. Kleine Unachtsamkeiten zeigen, dass er nicht so cool ist, wie er gerne wäre und mindestens so aufgeregt wie wir selbst. Und überhaupt ebenso wenig perfekt. Sobald uns das klar ist, wird das Date schon entspannter. Viel entspannter. Und da verzeiht man auch, dass seine Hände bei der Begrüßung mitunter etwas schwitzig waren.

Sollte das Date weitergehen und wir nach und nach ein bisschen mehr von dem Herrn der Schöpfung zu sehen bekommen, stellen wir vielleicht sogar fest, dass er sich nicht nur um Gesicht und Haare gekümmert hat. Sondern dass er auch Wäsche trägt, die nicht von Snoopy, Popeye oder Garfield geziert wird, und dass auch unter den Achseln und an anderen Stellen kein Wildwuchs herrscht. Und wenn Frau das Gefühl hat, dass bei ihm Körperpflege stattfindet, kann sie sich wahrscheinlich schon etwas eher vorstellen, ihren gepflegten Körper näher an seinen zu lassen. Geht mir zumindest so.

Ich sehe es als ein Zeichen von Respekt an, dass er auch mehr als fünf Minuten im Bad verbracht und sich für frische Klamotten entschieden hat, bevor er sich mit mir trifft. Zum Glück ist es schon lange her, dass ich Dates abbrechen musste, weil ich so sehr von Nasenhaaren und Körpergerüchen irritiert war, dass ich es keine Minute länger aushalten konnte.

Einmal musste ich allerdings dringend gehen, als ich zum ersten Mal die nackten Füße eines Mannes sah, dem ich seitdem noch nicht einmal mehr ins Gesicht sehen kann. Bei dem Typ wäre ein professioneller Großeinsatz fällig gewesen. Diesen konnte ich allerdings nicht abwarten, also sah ich ihn nie wieder.

Doch eigentlich waren die meisten Männer ganz vorbildlich und machten sich vor unseren Treffen rundherum hübsch. Das wusste ich immer sehr zu schätzen.

»*Wenige Liebhaber bedenken,*
dass man nicht gerade alles wie die Bratwurst in der
Garküche vom Rost in den Mund nehmen kann, sondern dass
Vorbereitung verlangt wird sowohl unserer als des Gegenstandes.«
Johann Wolfgang von Goethe in ›Schriften zur Kunst –
Notiz über den englischen Formschneider J. B. Jackson‹

Weil Männer auf unseren natürlichen Geruch stehen

Auch Männer haben feine Nasen. Vielleicht nicht, wenn es darum geht, den Geruch von Salbei und Fenchel zu unterscheiden, aber in manchen Sphären scheint ihr olfaktorischer Sinn doch ganz gut zu funktionieren. Zum Beispiel, wenn es um Frauen geht.

Dass Männer oft an unseren Shirts, den von uns benutzten Kissen oder sogar unseren Slips schnüffeln, dürfte kein Geheimnis mehr sein. Getragene Slips werden ja sogar neben anderen ausgefallenen Fetisch-Objekten im Internet verkauft. Wenn man sich unter den betörenden Gegenständen, die man auf solchen Webseiten erstehen kann, weiter umsieht, stößt man auf andere interessante Dinge, wie zum Beispiel auf Gele, die nach (erregter) Frau riechen sollen. So sehr mögen die Männer unseren Geruch! In natura aber wahrscheinlich doch noch lieber als aus der Tube.

Die Momente, in denen meine Partner mir für meinen Geruch Komplimente machten, kamen interessanterweise immer dann, wenn ich ungeduscht durch die Wohnung gestreift und wieder ins Bett geschlüpft war. Da konnte kein selbst ausgesuchtes oder von einem Mann geschenktes Parfum mithalten. Auch Männernasen nehmen Pheromone wahr. Das sind Signalstoffe, die unbewusst gerochen werden und angeblich für die sexuelle Anziehungskraft mitverantwortlich sind. Alles ganz intuitiv. Aber Männer können nicht nur das wahrnehmen. Männer bemerken auch, wie unser Geruch sich im Verlauf des monatlichen Zyklus verändert. So werden wir gerade dann für Männer unwiderstehlich, wenn unser Eisprung sich ankündigt und wir empfänglich dafür sind, ihn zum Vater zu machen. Die Jungs wissen natürlich nicht, was sie da so sehr reizt, dass sie sich kaum zurückhalten können. Gleichzeitig hat die Natur es so eingerichtet, dass Männer sich uns nicht ganz so zugeneigt fühlen, wenn wir menstruieren. Aber das ist uns ab und an ja auch ganz lieb.

Mal abgesehen von der unbewussten Ebene finden Männer den Geruch von Frauen einfach total wichtig. Vor Kurzem erzählte mir ein Freund von dessen Kumpel Frank, der – eigentlich ein überzeugter Einzelgänger – wegen einer Frau vollkommen durchgedreht war. Er soll total verknallt gewesen sein und schwärmte die ganze Zeit wie besessen von der Lady. Aber nicht davon, wie sie aussah, wie toll sie kochte oder was sie in der Horizontalen alles so draufhatte. Nein. Was er immer und immer wieder erzählte, war, dass ihr Geruch ihn zum Durchdrehen brachte: »Die riecht *sooo* gut!«

Herzlichen Glückwunsch! Mit ihrem Duft hat sie den ewigen Single offensichtlich bekehrt. Und das lag sicher nicht an einem teuer erstandenen Parfum.

»Die Natur der Nase ist es, Düfte zu lieben;
aber wenn das Herz nicht heiter ist, so mögen alle Düfte
einen umgeben, und man riecht sie nicht.«
LÜ BU WE IN ›FRÜHLING UND HERBST DES LÜ BU WE‹

Weil Männer unsere Muschi
mehr mögen als wir selbst

Auch heutzutage sind viele Frauen nicht mit ihrer Muschi im Reinen. Leider. Sie wollen sie nicht ansehen, nennen sie »da unten« und finden sie im Allgemeinen weder schön noch erotisch.

Männer sehen das ganz anders. Männer lieben Muschis. Deswegen die Bilder, Filme und Silikon-Duplikate. Im Erotik-Shop meines Vertrauens sind »lebensechte« Muschis aus einem »gefühlsechten« Misch-Material ein Bestseller. Manche von ihnen haben eine Mini-Ausführung des eigentlichen Produktes in der Verpackung, damit man vor dem Kauf schon mal fühlen kann. Diese Mini-Muschis werden regelmäßig geklaut, verriet mir der Shop-Mitarbeiter. Deswegen nehmen die Verkäufer sie oft vorsorglich raus und packen sie erst beim Kauf wieder mit in die diskrete schwarze Tüte.

Männer hätten demzufolge gerne immer eine Muschi bei sich. Zumindest eine kleine für die Handtasche. Und dann auch noch eine etwas größere für zu Hause. Am besten mit Körpertemperatur und als Teil eines gesamten, lebendigen Frauenkörpers. Männer lieben Muschis. Und daran ungefähr alles: das Aussehen, den Geruch, den Geschmack und vor allem das Gefühl, sich mit ihr – und uns – zu vereinen.

Selbst wenn die Pussy-Power den einen oder anderen das Fürchten lehrt – denken wir auch an Freud und die Kastrationsangst –, wollen sie mehr davon. Manche erkunden uns mit allen Sinnen. Zu diesem Zweck verkaufen Händler sogar Frauenarzt-Instrumente mit beachtlichem Erfolg. So können Männer nämlich zumindest den Versuch starten, herauszufinden, was es genau ist, das sie so sehr begeistert. Doch weil sie das Geheimnis nie wirklich ergründen können, werden sie süchtig.

Und sie haben recht. Muschis sind toll. Sie sind so flexibel, dass sie Kinder gebären und trotzdem sogar einzelne Finger einquetschen können. Und ganz nebenbei ermöglichen sie sowohl uns Frauen als auch den Männern Gefühle, die mit Worten nur schwer zu beschreiben sind. Ohne Muschis wäre das Leben nur ein halbes. Männer wissen das und Frauen sollten es schon längst wissen.

»Ein Mann am Knie einer Frau ist ein Mensch,
der nach Höherem strebt.«
ROBERT LEMBKE

Weil Männer tolle Tricks erfinden,
um uns zu verführen

Ein männlicher Bekannter hat sich von mir mal nach langer weinseliger Vorarbeit die Tricks und Kniffe aus der Nase ziehen lassen, die in konspirativen Männergesprächen als unfehlbare Verführungstipps weitergegeben werden. Und plötzlich erklärten sich mir einige komische Parallelen, die ich mit verschiedenen meiner Bekanntschaften erlebt hatte.

Eine unerwartete Gemeinsamkeit, die ich bisher immer für zufällig gehalten hatte, war die aufgehängte Wäsche im Wohnzimmer. Der Trick dabei? Manche Männer machen das ganz gezielt, weil sie davon ausgehen, dass Frauen, wenn die Wohnung nach frischer Wäsche riecht, den Mann für reinlich und sauber halten und sich bei und mit ihm gleich viel wohler fühlen. Und ab da ist es dann nur noch ein kleiner Schritt bis zur Matratzengymnastik. So die Theorie. Zum Glück kann ich aber mit Bestimmtheit sagen, dass dieser kleine Kniff nicht unfehlbar ist.

Bei anderen, subtil angebrachten Triggern bin ich mir da nicht ganz so sicher. Hier eine kleine Auswahl von Kniffen, die Frauen angeblich willenlos machen: Ein Buch wie »Der kleine Prinz« auf dem Nachttisch soll dafür sorgen, dass Frau ihn erstens für einen Leser, zweitens für sensibel und drittens für romantisch hält. Ein kleiner Mülleimer im Bad, Obst in der Küche und Pflanzen im Zimmer lassen sie sich so fühlen, als könnte sie schon bald bei ihm einziehen. Und bis dahin kann sie ihm natürlich schon mal näherkommen.

Auch ein anderer Vorgang hat sich für mich leider erst im Nachhinein als Strategie offenbart. Einmal hatte mein Besucher, ein Musiker, seinen Laptop im Rucksack dabei und packte ihn nach dem Hereinkommen gleich aus und schaltete ihn an, um mir etwas zu zeigen. Wahrscheinlich einen Song, vielleicht auch nur einen Beat. Also waren wir direkt mitten in seiner i-Tunes-Bibliothek. Und nach der Präsentation seiner Kunst startete er eine Playlist, die ungefähr so benannt war: »Asbzukfvoilse«. Diese Buchstabenkombination habe ich später als »Mach sie willenlos« entschlüsselt. Und ich muss zugeben, sie hat auch bei mir funktioniert. Vor allem in Kombination mit seinen Kommentaren zu den Sixties Soul Classics: »Damals haben die Leute es sich wenigstens noch gesagt, wenn sie sich geliebt haben.« Dem Plan entsprechend habe ich mich dann von den Texten der Lieder angesprochen gefühlt und war mir sicher, dass er mir genau das sagen will, was da aus den Speakern trällerte. Als die Playlist ans Ende kam, waren wir aber noch lange nicht fertig. Und machten unseren eigenen Soundtrack.

»Es ist keine Kunst, ein Mädchen zu verführen, aber ein Glück,
eines zu finden, das es wert ist, verführt zu werden.«
Søren Kierkegaard in ›Tagebuch des Verführers‹

Weil Männer am liebsten immer nackt wären

Männer haben viel mit Bonobo-Affen gemeinsam. Das sind die, die immer so ausgiebig onanieren und ziemlich beliebig miteinander kopulieren. Aber auch zu den Pavianen mit den roten Hintern gibt es gewisse Parallelen. Und gleichsam zu den Pfauen, die ihren Schwanz ausbreiten, um die Weibchen zu beeindrucken. Männer zeigen gern, was sie haben – egal, wie es aussieht. Sie strecken dicke Bäuche raus, präsentieren haarige Rücken und sind immer stolz darauf, wenn ihr kleiner Freund den Kopf erhebt. Ja, den muss man aber auch gesehen haben. Ein steifer Schwanz alleine scheint schon ein richtig wichtiges Statement zu sein.

Gerade in Saunen wundere ich mich manchmal darüber, mit welcher Seelenruhe die Prinzen sich breitbeinig auf den Brettern niederlassen und alles zeigen, was da so vor sich hin baumelt und einen lustigen kleinen Haufen auf ihrem Handtuch bildet. Wegsehen kann ich aber auch nur schwer, das ist wie bei einem Unfall auf der Autobahn: Es ist schrecklich, aber man muss hinschauen.

Manchmal drängt sich förmlich der Eindruck auf, als wären Männer am liebsten immer nackt oder vielleicht gerade mal mit Shorts oder lässigen Jeans bekleidet. Wahlweise auch mit einem herumgewickelten Handtuch oder einer anderen Form von Lendenschurz. So würden sie dann tagtäglich durch ihre Wohnung streifen, um den Pizza-Lieferanten reinzulassen oder auch mal schnell zur Tanke zu schleichen, um den Alkohol-Vorrat wieder auf ein akzeptables Level zu bringen. In einer perfekten Männerwelt bräuchte es wahrscheinlich nicht viele Kleidungsstücke und auch nur eine simple Auswahl an Nahrungsmitteln. Sie sind eben genügsam und einfach gestrickt. Das macht den Umgang mit ihnen ziemlich unkompliziert. Ein angenehmer Nebeneffekt ist, dass in der Haushaltskasse so mehr Kohle für unsere Klamotten bleibt. Und dass wir ihnen gelegentlich, sagen wir mal, *Empfehlungen* machen dürfen, was ihren Kleiderbedarf angeht. So können wir den Prinzen genauso verpacken, dass er auch gut zu der Prinzessin passt.

»*Gott hat den Menschen erschaffen,
weil er vom Affen enttäuscht war. Danach hat
er auf weitere Experimente verzichtet.*«
MARK TWAIN

Weil Männer falsche Brüste und Haare nicht von den natürlichen unterscheiden können

Es gibt Frauen, die lassen mich verstummen. Weil sie so perfekt aussehen. Die Haare, die Gesichter, die Brüste, die Beine und auch kleinere Details wie die Fingernägel. Alles perfekt, ohne jeden Fehler. Inklusive der weiß glänzenden gespenstisch geraden Zähne. Nach dem benommenen Schweigen sehe ich dann etwas genauer hin und bin schnell wieder beruhigt. Ist ja alles fake. Silikon, Veneers, Haarteile, Gelnägel und ein bisschen Geschnipsel und Gespritze hier und da. Gar keine Konkurrenz, nur das Produkt von zu viel Geld und falschen Prioritäten. Schon ist mein Weltbild wiederhergestellt.

Manchmal treffe ich auf solche Frauen, während ich in der Begleitung von Männern bin. Doch die sehen zu meinem Erstaunen nichts von dem Gemachten, sie sehen nur die festen hochstehenden Brüste, die wallenden Haare, und sind komplett bezaubert. Selbst wenn man sie auf die chirurgischen Einsätze hinweist, finden sie die Damen weiterhin nur schön oder sexy oder attraktiv. Wenn sie überhaupt glauben, dass das heiße Eisen nicht so vom lieben Herrgott auf die Welt geschickt wurde. Von den Extrem-Fällen der Katie Price oder Dolly Buster mal abgesehen, schnallen sie es meist nicht. Es haut mich um, dass sie tatsächlich glauben, natürliche Brüste könnten so aussehen wie prall aufgeblasene Bälle, die von der Schwerkraft nicht betroffen sind.

Ist natürlich deprimierend für die Frauen, die mit ihrem echten Körper durch die Welt marschieren. Die Herren schätzen die wahrhaftige, weil natürliche Schönheit also gar nicht. Andererseits macht dieses Wissen die Sache natürlich leichter, denn Schummeln ist wohl ganz offensichtlich erlaubt, wenn es noch nicht mal interessiert. Und es muss ja nicht die große Nummer beim plastischen Chirurgen sein. Aber den BH auszustopfen und Haarverlängerungen einzubauen, scheint ohne Weiteres drin zu sein. Und so gut, wie sich all die Wunder-Figurformer im Teleshopping zu verkaufen scheinen, reicht es ja auch, wenn Frau ihn angezogen umhaut. Wenn er erst mal angefixt ist, kann sie sich auch in ihrer wahren Form und Farbe zeigen – er stellt sich dann sowieso vor, was er sehen will.

»*Wer einen Engel sucht und nur auf die Flügel schaut,*
könnte eine Gans nach Hause bringen.«
GEORG CHRISTOPH LICHTENBERG

Weil Männer diskret bleiben

Bill Clinton flog mit seiner Affäre nicht auf, weil er dabei beobachtet wurde, wie er seine Zigarren zweckentfremdet hat. Nicht, weil er sich irgendwo danebenbenahm oder sich beim Lügen verrannte. Nein, beim Oral Office war ein ganz anderes weibliches Grundbedürfnis die Grundlage für den öffentlichen Skandal. Seine Gespielin Monica Lewinsky konnte es nicht lassen, einer Freundin von ihrem exklusiven Tête-à-Tête zu erzählen.

Manche erinnern sich auch noch an den Schweizer Botschafter Thomas Borer in Berlin, der mitsamt seiner Gattin abreisen musste, nachdem die aspirierende Z-Prominente Djamila Rowe in der Presse über eine Affäre mit dem Lebemann berichtete. Und dementierte. Und das Dementi dementierte. Und das wiederum auch noch einmal. Am Ende wusste keiner mehr, was er glauben sollte. Dennoch wurde es ein weiteres Mal deutlich: Sie konnte oder wollte ihren Mund nicht halten. Frauen können es nicht lassen, ihre Erlebnisse mit mindestens einer besten Freundin zu besprechen. Und dann nimmt das Unglück immer mal wieder seinen Lauf.

Männer dagegen finden oft noch nicht mal jemanden, der sich für ihre Geschichten interessiert. Positiv formuliert, könnte man sagen, dass Männer schweigen können. Beim Seitensprung werden sie sich eher nicht verplappern, sondern sich durch irgendwelche nicht-sprachlichen Unachtsamkeiten verraten. Durch außereheliche Schwangerschaften zum Beispiel. Und noch nicht mal dann verraten sie die wahren Begebenheiten, sondern erfinden ganz abenteuerliche Geschichten und nennen es lieber »fiesen Samenraub«.

Wunderlich ist ihre Schweigsamkeit manchmal allerdings schon. So traf ich Männer Mitte zwanzig, die noch nie über ihr erstes Mal gesprochen hatten, das schon knapp zehn Jahre zurücklag. Mit niemandem. Oder über ihre Ängste vor dem Zu-früh-Kommen oder Gar-nicht-Können.

Die Erklärung aus einer nicht repräsentativen Umfrage in meinem männlichen Freundeskreis ergab: Männer reden viel, auch über Sex, aber nicht über den eigenen. Zumindest nicht so, wie er wirklich abläuft. Da trieft es vor Über- und Untertreibungen. Zum Beispiel vom eigenen Gemächt, das so gigantisch ist, dass es Frauen zerfetzt. Bei solchen Gesprächen kann es zwar passieren, dass die beteiligte Frau einen Ruf wegbekommt, aber das, was wirklich abgelaufen ist, wird konsequent und verlässlich verhüllt. Der Gentleman genießt, erzählt Lügengeschichten und bewahrt Stillschweigen, was die Realität anbelangt.

»Man soll schweigen oder Dinge sagen,
die noch besser sind als das Schweigen.«
PYTHAGORAS VON SAMOS

Weil Männer sich total lächerlich machen, um uns ins Bett zu kriegen

Manchmal scheinen Männer zu glauben, es bräuchte Zaubertricks, ausgeklügelte Strategien und eine unüberwindbare Kriegsmaschinerie, um eine Frau in ihr Bett zu bekommen. Wüssten sie, wie einfach es eigentlich ist, hätten Flirt-Seminare, Dating-Hotlines und auch Sex-Arbeiterinnen weniger Zulauf. Dann würden Männer sich trauen, authentisch mit Frauen umzugehen und ihnen auf eine natürliche Weise näherzukommen. Aber leider denken sie ja, dass es eine geheime und höchst aufwendige Kunst ist, die ausgeklügelte Strategien und große Taten erfordert.

Ein kleiner Einblick in eine der lächerlichsten Aktionen, die ich bisher erlebt habe: Einmal schlich sich mein Freund, jetzt mein Ex, nach einem feucht-fröhlichen Bar-Abend aus dem Schlafzimmer und kam nach kurzer Zeit in folgender Verkleidung wieder in den Raum: labbrige Baumwoll-Shorts, Rose quer im Mund und die Hände vorne mit Handschellen verbunden. So stand er dann dümmlich grinsend vor mir und wollte genommen werden. Ich dagegen wusste nicht, ob ich lachen oder ihn ob seiner Ernsthaftigkeit nicht mitleidig in die Arme nehmen sollte. Ich befreite ihn erst von der Rose, dann von den Handschellen, dann schlug ich ihm vor, erst mal schlafen zu gehen. Er schien einverstanden und schnarchte innerhalb weniger Minuten laut vor sich hin. Lachen konnte ich erst am nächsten Tag, als ich meiner besten Freundin davon erzählte.

Und man muss bedenken, dass ich mit diesem Mann schon zusammen war. Viel seltsamer geht es ja zu, wenn es um neue Kontakte geht, die noch überzeugt werden wollen. Genau in diesen Fällen gibt es auch die Männer, die das Thema ganz strategisch angehen und sich erst mal viele Möglichkeiten schaffen möchten. Das gesetzte Ziel ist es also, eine Frau ins Bett zu kriegen. Um unter möglichst vielen Frauen mindestens eine Willige zu finden, braucht er dann natürlich auch eine dafür passende Gelegenheit und denkt sich etwas ganz Tolles aus: Er besucht einen Aerobic-Kurs. Und schon geht's los. Ehrgeizig in ein schickes Outfit gepackt, macht er sich auf in die Aero-Dance- oder Step-Aerobic-Stunde. Wo sonst sieht man Frauen aus der Nähe wackeln und schwitzen, ohne permanent kleine Scheine investieren zu müssen?

Soweit eigentlich ganz clever, aber es gibt ein Problem bei dieser Strategie: Die Männer sind in diesen Kursen nämlich keine unsichtbaren Beobachter, sondern stehen mittendrin und müssen auch noch mitmachen. Das verlangt Koordination, die Mann im wahren Leben nicht so richtig oft schult. Als Fitness-Trainerin muss ich leider sagen, dass die meisten Männer in Kursen sich eher lächerlich machen. Die meisten wissen das auch. Und sind trotzdem dazu bereit, denn: Das Ziel ist klar. Wird auf diese Art aber leider höchst selten erreicht. Denn ein rotgesichtig-schwitzender und herumtaumelnder Kerl ist nicht unbedingt Teil unserer erotischen Fantasien. Trotzdem gibt es ein paar Bonus-Punkte für den mutigen Einsatz.

»Männliche Dummheit bereitet mir größtes Vergnügen. Gott sei Dank ist das eine schier unerschöpfliche Quelle der Unterhaltung.«
MARY WORTLEY MONTAGU

KAPITEL ZWEI

PARTNER

»*Die Frau ist die geistige Gefährtin des Mannes,*
im öffentlichen wie im privaten Leben.
Ohne sie würden wir die wahren Ideale vergessen.«
OSCAR WILDE

Weil Männer verstehen,
wie wichtig unsere Freundinnen sind

Männer hätten viele Gründe dafür, unsere besten Freundinnen zu hassen: Wir hängen mit ihnen stundenlang am Telefon, plaudern sämtliche Details unseres Sexlebens (und seines Körpers) aus, schaukeln uns beim Shoppen gemeinsam hoch und treffen uns ausschließlich, um über unsere Männer und deren Aktionen, Freunde und Ex-Freundinnen zu lästern.

Wenn er böse und gemein war, rufen wir sie sofort an und beklagen uns über den blöden Arsch. Und er muss weiter nett zu ihr sein, obwohl er ihr am liebsten vor Scham ob der einseitigen Darstellung niemals wieder unter die Augen treten würde. Er muss damit leben, dass die Freundin auch mal um drei Uhr nachts klingeln darf, weil sie ein schlimmes Erlebnis hatte oder wichtige Entscheidungshilfen braucht. Und damit, dass sie bei der Namenssuche für Kinder vielleicht sogar noch ein Wörtchen mehr mitzureden hat als er. Und dass sie wahrscheinlich vor ihm erfährt, dass überhaupt ein Kind unterwegs ist – auch wenn wir ihm sagen, dass er natürlich der Erste ist.

Mit der besten Freundin analysieren wir sein Verhalten, seine Worte und seine Eignung als langfristiger Partner oder Vater und wir entwickeln konspirativ Strategien, um von ihm zu bekommen, was wir wollen. Einen treuen Nichtraucher mit Kinderwunsch, einem Faible für romantische Überraschungen und großem Interesse an Körperpflege zum Beispiel.

Ganz schön viel, was die Männer da verkraften müssen. Das kann Frau auch ruhig zugeben. Doch die Männer tragen es mit Fassung, da sie wissen, dass nur die Ausheul-Freundin es möglich macht, dass wir die rauen Zeiten mit ihm überstehen. Sie verstehen, dass es für uns wichtig ist, all unseren Kram abzuladen und dass es sie davor beschützt, selbst der Adressat all unserer Gedankengänge zu sein. Wenn die beste Freundin nicht da wäre, müssten wir ja viel, viel mehr mit unseren Männern reden. Und sie müssten auch noch zuhören. Das begreifen immer mehr Männer und heißen die besten Freundinnen in ihrer Beziehung willkommen. Und solange sie das mit dem Einbinden ihrer Freundinnen in die Beziehung nicht übertreiben, ist das auch echt gut so!

»Nicht das Beginnen wird belohnt,
sondern einzig und allein das Durchhalten.«
KATHARINA VON SIENA

Weil Männer uns ungeschminkt noch lieber mögen

Natürlich freuen sich Männer, wenn wir toll aussehen. Wenn wir Frauen uns – selbstverständlich nur für sie – hübsch gemacht haben und sie uns voller Stolz vorzeigen können. Aber das mit der Styling-Freude hat auch seine Grenzen. Zum Beispiel da, wo Make-up-Spuren am Kopfkissen zurückbleiben und wir morgens als fremdes Wesen neben ihm aufwachen. Oder da, wo das Gesicht nicht mehr angefasst werden darf, weil sonst etwas verwischen könnte. Oder da, wo er die Haare gar nicht mehr anfassen möchte, weil sie vom vielen Spray und Gel so hart sind, dass es angenehmer wäre, einen Strohballen zu liebkosen. Lippenstift auf Männer-Mündern und Puder am Hemdkragen haben bekanntlich schon den einen oder anderen Ehekrach provoziert. Makelloses Make-up kostet nicht nur unendlich viel Zeit, sondern auch viel Geld. Wenn wir das alles ab und an mal in eine Massage investieren würden, sähen wir nicht nur viel besser aus, sondern wären dann auch noch viel entspannter.

Letztendlich mögen Männer uns hübsch, aber noch lieber mögen sie uns unkompliziert und sogar in der Version, vor der sich viele Frauen so sehr fürchten: ganz natürlich. Wenn wir gleichzeitig gut drauf sind, kann ein Mann uns eigentlich keinen Wunsch ausschlagen. Zumindest kaum einen.

Ich bin jedenfalls total froh darüber, dass ich mich nicht morgens ins Bad schleichen und anmalen muss, bevor er aufwacht, wie es wohl einige Frauen früherer Generationen erlebt haben. Heutzutage wissen Männer, wie Frauen in Wirklichkeit aussehen. Und sie können nicht nur gut mit der Realität leben, sie bevorzugen sie sogar. Weil sie dann wissen, dass sie keine böse Überraschung erwartet, wenn die Lady mal kein Bad mit all ihren Utensilien in der Nähe hat. Und es auch ausgeschlossen ist, dass der Stammhalter plötzlich wie Graf Dracula aussieht, obwohl er immer dachte, seine Angebetete wäre eine schöne Prinzessin.

Gibt es allerdings passende Anlässe, wissen Männer es natürlich zu schätzen, wenn wir uns ein aufwändiges Make-up ins Gesicht zaubern und ihm mit matt gedeckter Haut, lang geschwungenen Wimpern und sinnlich betonten Lippen gegenübertreten können. Plötzlich verkraften sie es dann auch, wenn sie ein bisschen Lippenstift abkriegen.

» *Was List verborgen, wird ans Licht gebracht,*
Wer Fehler schminkt, wird einst mit Spott verlacht. «
WILLIAM SHAKESPEARE IN ›KÖNIG LEAR‹

Weil Männer uns beim Schlafen beobachten

Wenn Männer verliebt sind, tun sie die seltsamsten Dinge und zeigen eine nie da gewesene Energie. Manche zaubern jeden Morgen ein fulminantes Frühstück ans Bett, andere hören plötzlich freiwillig unglaublich schmalzige Musik, einige beginnen, ausgiebig ihren Körper zu pflegen oder ihre Wohnung auf Vordermann zu bringen. Alles, weil sie nicht mehr anders können, wenn sie vor Begeisterung für eine Frau fast durchdrehen.

Sind wir in ihrer Nähe, riechen sie an uns, fassen uns permanent an und wollen geknuddelt werden. Sie interessieren sich auch noch für uns, wenn wir so richtig entspannt sind: Sie beobachten uns beim Schlafen, starren fasziniert auf unsere Körper, während wir atmen. Sie betrachten uns ganz genau, wie unser Gesicht sich bewegt, wie die Körperteile fallen und sich mit der Atmung im Schlaf bewegen. Wenn wir uns irgendwo aufdecken, werden wir gleich wieder zugedeckt. Er achtet darauf, dass wir es schön warm haben.

In diesen Momenten bemerken sie, dass sie sich verliebt haben. Und wir kriegen es auch ganz deutlich zu spüren. Wenn sie den Blick nicht von uns lassen können, um selbst zu schlafen, sondern uns immer weiter zusehen müssen. So bin ich schon mehrmals aufgewacht, nur um zu bemerken, dass mir der Mann meines Herzens dabei zusah, wie ich schlief, und ich freute mich über sein Lächeln, als ich die Augen aufschlug.

Was lernen wir daraus?

Männerblicke sind nicht immer nur sexuell, sondern mitunter auch liebevoll, beschützend und in dem Moment, wo wir entspannt und vertrauensselig in seiner Nähe schlafen, auch sehr intim. Der wahre Romantiker entpuppt sich manchmal eben erst dann, wenn er sich unbeobachtet fühlt.

»Denn wer liebt, der ist voller Sehnsucht und findet nie ruhigen Schlaf, sondern zählt und berechnet die ganze Nacht hindurch die Tage, die da kommen und gehen.«
Chrétien de Troyes in ›Yvain der Löwenritter‹

Weil Männer Beziehungskrisen
gar nicht mitbekommen

Wie oft hört man, dass Männer von einer Trennung komplett überrascht sind. Auch wenn Außenstehende jahrelang darauf gewartet haben und die Partnerin schon lange Trennungspläne mit sich herumtrug und ihn auch immer wieder damit konfrontiert hat. Doch wenn es am Ende eines Streits eine Umarmung oder sogar Sex gibt, scheinen viele Männer zu denken, dass damit die Beziehung gerettet und alles wieder geheilt ist. Dass für sie die Zweifel, Verletzungen und großen Zukunftsfragen weiterhin eine Rolle spielen und damit auch die Beziehung weiter in Frage gestellt bleibt, scheint außerhalb seines Vorstellungsvermögens zu liegen. Sie ist ja noch da, insofern muss ja alles gut sein. Soll es jedenfalls gefälligst. Ist es aber oft nicht. Und so fällt er aus allen Wolken, wenn sie es nach dreißig Trennungsversuchen tatsächlich durchzieht und geht. Diese Ignoranz ist zwar oftmals verwunderlich, aber kann in manchen Fällen auch ein echter Vorteil sein.

So fand ich vor einer Weile meinen Partner plötzlich doof. Eine Kombination aus einer unbedachten Aussage von ihm in einer Diskussion, aus dem Wiedersehen mit alten Bekannten und aus einigen persönlichen Baustellen ließen mich an der Beziehung zweifeln. Und veränderten für mehrere Wochen die Art, wie ich diesen Mann sah. Der kam mir plötzlich wie ein Fremder vor. Umständlich, alt, unsexy, unsicher. Ganz im Gegensatz zu früher, da fand ich ihn selbstsicher, männlich und schön. Doch jetzt war er für mich schrecklich und ich konnte auch nicht anders, als ihn dementsprechend zu behandeln. Warum ich jemals an so einen Typ gekommen war, konnte ich mir gar nicht mehr erklären. Ich sah ihn überkritisch an und machte mir Gedanken darüber, ob es wohl zu vermeiden wäre, unseren möglicherweise irgendwann entstehenden Kindern seine Art zu essen nicht anzuerziehen.

Im Verlauf dieser Zeit war ich sicher, dass er von meinem Verhalten ihm gegenüber mindestens genauso genervt sein würde wie ich von seiner bloßen Existenz und dass unser Beziehungsende sicherlich bald selbst dann nicht vermeidbar wäre, wenn ich mich doch dazu durchringen könnte, ihn wieder positiver zu sehen. Als ich das tatsächlich machte, fiel ihm das gar nicht auf. Für ihn war die ganze Zeit über alles in Ordnung gewesen, er hatte sich noch nicht mal Gedanken gemacht oder irgendetwas bemerkt. Und dafür, dass er mir keine Szene machte und nicht nachtragend war, fand ich ihn gleich noch ein bisschen toller.

»Bedeutende Erfolge sind auch
die Ergebnisse überwundener Krisen.«
Hans Arndt in ›Im Visier‹

Weil Männer sich in unserer Nähe nicht so abstoßend benehmen wie mit ihren Freunden

Wenn man über den Hamburger Kiez – beispielsweise die Große Freiheit – läuft, kann man das kalte Grausen bekommen. Da kommen einem manche Männer so richtig abstoßend vor, während sie volltrunken den Frauen hinterhergeiern, sich verschämt aus Bordellen drücken und sinnlose Schlägereien anfangen. Oder ganz aus Versehen jede ihnen begegnende Frau, auch weitab von den Laufhäusern, für eine »Professionelle« halten.

Aber man muss gar nicht in Hamburg St. Pauli sein, um den Mann in seiner unattraktivsten Form zu erleben. Das geht überall, wo Männer unter sich sind – oder zumindest zu sein glauben. Da wird gerülpst, gestunken, in abwertender Weise über Frauen hergezogen, da wird sich über Pornos ausgetauscht und über Frauen, mit denen man am liebsten mal 'ne Nummer schieben würde. Blöde Witze gehören natürlich auch dazu und je nach Umfeld viel Bier, Whiskey oder Tequila. Es ist kein schöner Anblick, das kann man auf jeden Fall ganz ohne Umschweife sagen.

Schön dagegen ist, dass Männer uns eine ganz andere Seite von sich zeigen. Und diese andere Seite ist wahrscheinlich sogar weniger gespielt als ihre ach so männliche Ekel-Persönlichkeit. Sie verschonen uns mit ihrem bösen Ich und leben diese Persönlichkeitsaspekte unter ihren Freunden aus, zum Beispiel im Männer-Urlaub oder bei Junggesellen-Abschieden. Sie reagieren sich nämlich mit den Jungs ab, um uns dann ihre wahre, die liebenswürdige Seite zu zeigen. Die, die es sogar mit dem Sitzpinkeln hinkriegt, uns freudestrahlend mit Erdbeeren füttert und uns zudeckt, damit wir es schön warm haben. Die Seite, die einsieht, dass Frauen in Berufsdingen benachteiligt sind und es deshalb total in Ordnung ist, wenn sie, solange das noch so läuft, unsere Tüten tragen und auch im Haushalt mehr als die Hälfte übernehmen.

Natürlich kriegen wir dann von Zeit zu Zeit ein Paket Mann zurück, das stinkend und lallend ins Bett stolpert und nach einem beherzten Grabschen erst säuselnd und dann schnarchend neben uns einschläft. Doch schon am nächsten Tag zeigt er sich von seiner menschlichen Seite und behält sie bei, bis es mal wieder so weit ist und der nächste Jungsabend ansteht. Sollen sie doch! Lasst alles raus. Und dann massiert uns die Füße!

»Männer sind Schweine, frage nicht nach Sonnenschein,
Ausnahmen gibt's leider keine,
in jedem Mann steckt auch immer ein Schwein«
Die Ärzte in ›Männer sind Schweine‹

Weil es Männern egal ist, was wir anhaben

Kann man den Zeitschriften Glauben schenken, die man uns verkauft, muss es ja entweder Prada und Gucci oder zumindest Replay sein, wenn wir uns, der Teenie-Zeit entwachsen, nicht permanent in von Kinderhänden gefertigte Massenware packen wollen.

Männer freuen sich natürlich darüber, wenn wir uns für sie hübsch machen. Aber im Endeffekt wollen sie uns auspacken und da ist es dann unerheblich, welches Label auf dem Top steht, das in hohem Bogen durch das Schlafzimmer fliegt. Wenn es darum geht, unsere Kolleginnen zu beeindrucken, macht das mit den Labels ja schon noch Sinn, aber wenn die Herren der Schöpfung die entscheidenden Faktoren sind, können wir uns echt locker machen. Die teuersten Teile sollten sie uns sowieso als Geschenke überreichen.

Aber wenn wir mal ehrlich sind, ist den meisten Männern nicht nur das Label egal, sondern auch, was wir überhaupt anhaben. Im Allgemeinen kriegen sie es ja sowieso noch nicht mal mit. Deswegen sind Fragen in der Art von »Wie findest du mein neues Kleid?« oder »Was soll ich denn anziehen?« komplett sinnlos. Und für ihn eine echte Überforderung. Er möchte lieber von uns wissen, was er anziehen soll, als sich auch noch über unser Outfit Gedanken machen zu müssen. Hinzu kommt die Angst davor, etwas Falsches zu sagen und uns die Laune und damit ihm das Schäferstündchen zu versauen.

Wir sollten uns also bei der Auswahl lieber weiterhin auf die verlassen, die sich damit auskennen. Damit meine ich nicht die Verkäuferinnen, nicht die Exfreunde und erst recht nicht die Eltern, sondern die, auf deren Urteil wir auch in puncto Männerauswahl zählen können: unsere besten Freundinnen. Für die Gelegenheiten, wenn wir mit ihnen ausgehen jedenfalls. Wenn wir mit dem Mann unterwegs sind, können wir es ruhig mal so machen wie sie: einfach blind in den Schrank greifen und das nehmen, was obenauf liegt und den Geruchstest übersteht. Ihn wird es nicht weniger beeindrucken, als wenn wir Stunden damit verbracht haben, Accessoires in Farben auszuwählen, die sich an den Applikationen der Kleidung wiederfinden, und von den Socken bis zum Haargummi alles aufeinander abzustimmen.

» Wenn wir es recht überdenken,
so stecken wir doch alle nackt in unseren Kleidern.«
HEINRICH HEINE IN ›REISEBILDER, NORDERNEY‹

Weil Männer Models auch
viel zu langweilig finden

Es gibt immer wieder Studien, in denen Männern Akt-fotos vorgelegt werden, wobei man gleichzeitig ihre Erregung misst. Neben Ergebnissen, die darauf hindeuten, dass sich viel mehr Männer durch Männerkörper in Stimmung bringen lassen, als sie es zuzugeben bereit sind, zeigt sich auch, dass Männer im Allgemeinen nicht auf Heroin-Chic stehen. Männer lieben Kurven!

Manche wollen sich das selbst nicht eingestehen und müssen sich in der Öffentlichkeit mit laufstegfähigen, ausgemergelten Begleiterinnen präsentieren. Aber die wenigsten würden tatsächlich in ihrem Leben gerne auf Hüften, Hintern und Brüste verzichten. Und ob da dann 'ne Welle oder Delle mehr auf dem zugehörigen Schenkel ist, interessiert sie meist herzlich wenig.

Und während wir uns mit den Airbrush-Wundern vergleichen und was auch immer darum geben würden, wie eine Schaufensterpuppe auszusehen, finden Männer uns einfach nur toll. Und zwar genauso, wie wir sind. Oder so, wie wir wären, wenn wir das den Jungs auch glauben würden. Entspannt und selbstbewusst.

Einer meiner Exfreunde ist allerdings sehr stolz darauf, mit einem Model zusammen zu sein, das er aus Dankbarkeit für ihre Anwesenheit komplett finanziert. Sie soll ja genug Zeit haben, um sich wieder um ihre Karriere zu kümmern. Also betreibt sie intensiv Schönheitspflege und Party-Networking, während er die Kohle verdient. Vor Kurzem stellte ich fest, dass eine meiner Freundinnen mit diesem Model verwandt ist. Und als ich sie nach ihrer Cousine fragte, wusste sie nur eines: »Die ist mit 'nem Typ zusammen, der *richtig* viel Geld für sie ausgibt!«

Das war es also, was sie über ihn zu sagen hatte. Und scheinbar auch alles, was er für sie bedeutete – eine Einnahmequelle. Aber er hat es wohl nicht anders verdient und wird sich erst dann darüber ärgern, wenn sie irgendwann ihren Durchbruch schafft oder einen noch spendableren Typ gefunden hat. Ob er sich dann wieder nach einem Model umschaut oder letztendlich doch begreift, dass er nach Liebe und nicht nach einem Ego-Booster suchen sollte, um glücklich zu werden, wird sich zeigen. Ich für meinen Teil freue mich in der Zwischenzeit über die Männer, die ihre Bedürfnisse kennen und stark genug sind, auch zu ihnen zu stehen.

»Lieber 'ne Runde im Lokal als 'ne Dünne im Bett.«
KNEIPENSPRUCH

Weil Männer unsere Launen unerträglich finden, aber trotzdem bei uns bleiben

Wir Frauen sind nicht immer einfach zu ertragen. Manchmal sagen wir nicht, was wir wollen, und erwarten, dass er es alleine herausfindet. Und werden erst traurig, dann beleidigt und schließlich sauer, wenn er es nicht tut. Hält er uns für zickig, flippen wir erst so richtig aus. Männer verstehen oft nicht, worüber wir uns den Kopf zerbrechen und was uns manchmal richtig dünnhäutig werden lässt. Sie kapieren nicht, was so schlimm daran ist, dass er seinen Geburtstag nicht nur mit uns verbringen will oder in seiner Schatztruhe noch Fotos seiner Exfreundin aufbewahrt. Wir leiden manchmal still und doch ziemlich deutlich.

Männer sind in solchen Situationen vollkommen überfordert und hilflos. Sie haben keine Ahnung, wie sie damit umgehen sollen. Sie wissen nicht, ob sie an der Missstimmung schuld sind, oder gar von ihr für etwas ganz Schlimmes verantwortlich gemacht werden. Eine schwierige Lage, die nur sehr schwer auszuhalten ist.

Aber aus einer Mischung von Apathie, Faulheit und Gottvertrauen warten die Männer oft einfach ab, bis sich die Wogen wieder glätten. Ich dachte früher, Männer hätten so ein dickes Fell, dass ihnen eigentlich alles ziemlich egal wäre. Wie mir aber nun aus vertrauenswürdiger Quelle zugetragen wurde, leiden Männer sehr wohl unter der schlechten Beziehungsstimmung und müssen eine Menge Energie aufwenden, um sich davon nicht zu sehr aus der

Ruhe bringen zu lassen. Egal ist es ihnen jedenfalls nicht, wenn der Haussegen schief hängt. Sie machen sich sogar große Sorgen. Allerdings haben sie auch Angst vor einer Eskalation, falls sie etwas ansprechen, und darum lassen sie es lieber gleich bleiben. Und irgendwie gibt ihnen das Leben ja auch recht. Schließlich regelt sich vieles von ganz alleine.

»Die Beständigkeit ist oft nur eine Form der Ohnmacht.«
THÉODORE JOUFFROY IN ›DAS GRÜNE HEFT‹

Weil Männer es hassen, wenn wir auf Diät sind

Wie schon erwähnt, mögen Männer die Frauen dann am liebsten, wenn diese nicht stressig sind. Doch Frauen denken fälschlicherweise, Männer würden sie am liebsten mögen, wenn sie spindeldürr sind. Deswegen hungern viele Frauen. Und vor Hunger, Druck und Unzufriedenheit werden diese diätenden Frauen nicht selten richtig stressig, was sie für die Männer unausstehlich macht. Die Männer distanzieren sich dann, aber die Frauen denken wiederum fälschlicherweise, dass der Grund für dieses Verhalten ihre mangelnde Schlankheit sei. Aus Frustration wird dann entweder gefressen oder erst recht und umso mehr diätet. Ein destruktiver Teufelskreis der Missverständnisse ...

Der Teufelskreis kann jetzt sofort durchbrochen werden! Und das weder mit Trennungen noch mit frustvollen Fressattacken. Sondern auf eine Weise, mit der alle Beteiligten glücklich und zusammenbleiben können. Das geht so: Männer lieben Frauen, die sich in ihren Körpern wohl fühlen. Nicht die, die im Spiegel nur nach den eigenen Fehlern suchen. Nicht die, die nie gemeinsam mit ihm an einem Eis schlecken oder dafür dann das Abendessen streichen müssen. Sie möchten Frauen, die mit ihnen das Leben genießen wollen und können.

Wenn eine Frau nicht mit ihnen genießt, ist das für die Jungs manchmal ziemlich deprimierend. Das habe ich leider einige Male erlebt. Denn schon, weil ich Vegetarierin bin, habe ich so manches enttäuschte Männergesicht gesehen, weil er dann natürlich nicht sein Lieblingsgericht für mich kochen oder mit mir zusammen Muttis Rouladen essen oder das Riesenschnitzel nach der Kiez-Tour teilen konnte. Doch spätestens, wenn ich mit ihnen fett-soßige Pasta genieße, ist die Welt wieder in Ordnung. Erst recht bei der Schokotorte und alldem, was man mit Sahne so anstellen kann.

Dafür, dass Männer Sinnlichkeit bei Frauen mehr schätzen als herausstehende Rippen, kann man sie in jedem Fall ein kleines bisschen mehr lieben. Und wenn man bedenkt, dass statistisch gesehen in Deutschland viel mehr Männer als Frauen übergewichtig sind, wäre das mit dem Diäten ja auch eigentlich ihre Aufgabe. Und sie hätten dann wenigstens eine Ausrede für ihr Gegrummel.

»Genuss heißt Leben. Hinweg denn, Sorgen!
Die Zeit ist kurz für den Sterblichen.«
FRIEDRICH JACOBS

Weil Männer nicht zugeben,
dass sie auch andere Frauen sexy finden

Na klar, wir leben in einer total aufgeklärten Zeit. Wir Frauen wissen jetzt, dass Männer Pornos schauen, die Dienste von Sexarbeiterinnen in Anspruch nehmen, fremdgehen und im Internet mehr Zeit mit Filmchen und Fotos verbringen als mit informativen Webseiten oder Homebanking. Ja, unsere Männer tun das und alle ihre männlichen Freunde ebenso! Und wir wissen auch ganz genau, dass es vor uns all die anderen Frauen gab. Oder noch gibt. Die Exfreundinnen und betrunkenen One-Night-Stands sowie die bewunderten Sex-Symbole aus Film, Fernsehen und Musikclips.

Uns ist also schmerzlich bewusst, dass der Mann an unserer Seite sich in seinem Leben bisher nicht nur zu uns hingezogen gefühlt hat. Er hat seine Sexualität nicht erst entdeckt, als er auf uns traf (außer wir kannten ihn schon, als er etwa sieben Jahre alt war, aber das wird nur selten der Fall sein). Es gab andere Personen, die er sexy fand, und das hat höchstwahrscheinlich auch nicht plötzlich mit Beginn unserer Beziehung aufgehört. Leider. Denn irgendwie hoffen wir in unserer romantischen Verklärung doch, dass wir die Einzige sind, die in ihm Fantasien auslöst, dass wir die Einzige sind, deren Körper er zärtlich oder leidenschaftlich anfassen will. Und zu gern halten wir an dieser Hoffnung fest und überzeugen uns selbst, dass *er* anders ist als all die anderen.

Auch wenn es sich in Wirklichkeit ganz anders verhält: Er weiß nämlich genau, dass es nicht stimmt, dass er nur an uns interessiert ist. Und wir wissen auch genau, dass es nicht stimmt. Und trotzdem tun gute Männer uns den Gefallen und sagen, dass sie keine andere sexyer finden als uns. Dass wir die einzige Frau sind, von der sie nachts träumen, und dass selbst Halle Berry bei ihnen keine Chance hätte. Auch wenn sie es gar nicht so dick auftragen müssten ... Er weiß genau, was er an uns hat: das Beste, was ihm jemals passieren konnte.

Eine Lüge im beiderseitigen Einvernehmen, würde ich sagen. Eine gemeinschaftliche Illusion, die Beziehungen in vielen Fällen überhaupt erst möglich macht. Aber, da ich ja so gerne ein Lanze für radikale Ehrlichkeit breche, gehe ich jetzt mal mit gutem Beispiel voran. Ich verkünde hochoffiziell, dass ich Vin Diesel oder LL Cool J wohl nicht leichten Herzens von der Bettkante stoßen würde. Oder Common oder Will Smith. Sorry, Baby, aber da musst du jetzt durch.

»Die meisten Menschen haben vor einer Wahrheit
mehr Angst als vor einer Lüge.«
Ernst Ferstl

55

Weil Männer stolz auf die Frau an ihrer Seite sind

Männer vergleichen sich gerne miteinander und wollen dabei unbedingt und unter allen Umständen gewinnen. Denn nur der Sieg zählt und nur derjenige, der siegt, hat etwas zu vermelden. Wer will schon ein Verlierer sein? Also geht es ständig um so entscheidende Fragen, wie, wer den längsten Pimmel oder das beste Auto hat oder wer als Erster den größten Bungee-Sprung hinlegt. Oder um irgendeine andere hirnrissige Aktion. Illustriert kann man sich das im Fernsehen beispielsweise bei Wettkämpfen wie »Die stärksten Männer der Welt« ansehen.

Da sind die Einsätze in jedem Fall noch mal drei Ligen idiotischer als bei »Wetten, dass..?«. Und warum all der Aufwand? Weil Männer immer irgendwo die Größten und Besten sein wollen. Und wenn sie das nicht da sind, wo es Sinn macht, denken sie sich neue Kategorien aus. So lange, bis sie eine Sparte – und sei sie auch nur eine bescheuerte – gefunden beziehungsweise erfunden haben, in der sie glänzen können. Schon als kleine Jungs vergleichen die Menschen mit dem Y-Chromosom die Länge des Strahls beim Pinkeln, das Durchhaltevermögen beim Rülpsen, die Gestanks-Intensität von Fürzen. Später wird um die Wette Alkohol gekippt, geraucht und dann bricht irgendwann der ultimative Wettstreit um die Frauen aus. Wer kriegt sie am schnellsten rum? Wer hat die meisten? Wer kann am längsten? Wer guckt dabei am coolsten?

Wenn die Männer aus dem Gröbsten raus sind, hört das in manchen Sphären auf, bei anderen wird erst richtig losgelegt. Wer hat den besseren Job? Das größere Jahresgehalt? Das geilere Urlaubsziel?

Ein Faktor, der beim Schwanzvergleich immer eine ganz entscheidende Rolle spielt, ist die Frau an seiner Seite. Männer sind stolz auf das Wesen, mit dem sie sich zeigen. Wenn sie eine Frau haben, können sie ja schließlich nicht ganz so schlecht sein. Wenn sie eine tolle Frau haben, erst recht nicht.

Aber statt das in diesem Fall zu verurteilen, sollten wir vielleicht froh darüber sein, dass sie auch mit uns angeben. Das ist nämlich der ultimative Beweis dafür, dass sie uns ganz großartig finden. Und nicht nur aus Bequemlichkeit mit uns zusammen sind. Ich liebe es jedenfalls, wenn mein Begleiter mich seinen Bekannten und Familienmitgliedern mit vor Stolz geschwellter Brust vorstellt. Am besten noch mit einem Nachsatz wie: »Sie schreibt gerade zwei Bücher« oder »Sie hat auch Jura studiert«. Irgendwie waren meine Männer immer stolzer auf meine Erfolge als ich selbst, und ich finde das unglaublich liebenswert an ihnen.

Männer stehen also nicht nur auf Äußerlichkeiten (»Diese schöne Frau gehört zu mir!«), sondern auch auf Köpfchen. Bitte weitersagen, Bildung macht nicht unsexy!

»Sieg ist eine unglaubliche Lust.
Eine Frau kann einem diese Befriedigung nicht geben.«
Boris Becker

KAPITEL DREI

SUPERHELDEN

> *»Man kann nicht immer ein Held sein,*
> *aber man kann immer ein Mann sein.«*
> JOHANN WOLFGANG VON GOETHE

Grund Nr. 23

Weil Männer unsere Helden sein wollen

Nicht nur wir Frauen träumen vom edlen Ritter in schimmernder Rüstung. Auch Jungs wachsen mit Sagen und Märchen auf und haben Träume, die aufs Papier gebracht mit »Es war einmal« anfangen und wunderbare Handlungsstränge abgeben würden. In diesen Träumen sind sie keine Banker oder Steuerprüfer, sondern unsere Helden, Retter und Beschützer. Sie sind edle Ritter, tapfere Krieger oder adrette Prinzen. Auf diese Fantasien kommen sie nicht nur durch Gutenachtgeschichten, sondern auch durch unendlich viele Hollywood-Filme und Serien, in denen ein Mann die Welt, die Guten oder auch nur die hübscheste Frau auf eigene Faust rettet. Dafür rüsten sie sich. Und geben sich im Großen wie im Kleinen Mühe, den Vorbildern gerecht zu werden. Und dafür sollen wir sie bewundern und uns ihnen in unendlicher Dankbarkeit zuwenden.

Diese Logik macht manche Männer zu Raubeinen, andere zu echten Gentlemen. Wenn wir frieren, bedecken sie uns mit ihren Jacken. Und auch, wenn wir ihnen nur erzählen wollen, worüber wir uns den lieben langen Tag geärgert haben, kommen sie schon mit einem total rationalen Lösungsvorschlag. Wenn wir uns nicht artig bedanken, ist das für ihn ein großes Problem. Schließlich will er ja unser Held sein und uns zu jeder Zeit aus jeder misslichen Lage befreien. Er will das Gefühl haben, dass wir ohne ihn auf dieser Welt komplett verloren wären. Das macht seine Angst davor, dass wir ihn verlassen könnten, ein kleines bisschen kleiner. Weil er ja dann weiß, dass wir ihn unbedingt brauchen.

Ob es am Lieblingscomic in der Kindheit liegt oder ob es in den Genen steckt, aus irgendeinem Grund wollen Männer unsere Superhelden sein. Wenn wir uns ab und an retten lassen, fühlen sie sich in ihrer Rolle bestätigt und strengen sich gleich noch ein bisschen mehr an. Einfach heldenhaft.

»Wenn der Ritter seine Schöne
nicht für die schönste und einzige hielte,
würde er Drachen und Ungeheuer
um ihretwillen bekämpfen?«
JOHANN WOLFGANG VON GOETHE

GRUND NR. 24

Weil Männer schwere Einkäufe tragen

Ja, wir wissen, dass wir die Autotür selbst aufkriegen. Und auch die Tür ins Restaurant. Und die zu Hause erst recht. Einige von uns verzichten sogar sehr gerne darauf, dass ein Mann eine Tür aufhält. Oder uns aus und in den Mantel hilft. Oder den Stuhl zurechtrückt, wenn wir uns setzen. Und uns den Wein nachschenkt, bevor unser Glas leer ist. Andere, so wie ich, stehen auf die kleinen charmanten Einsätze eines wirklichen Gentlemans. Auf Blümchen zur Begrüßung und ein Kompliment als Einstieg ins Gespräch.

Aber was die meisten von uns sich auf jeden Fall gerne abnehmen lassen sind: schwere Taschen, sperrige Tüten und manchmal auch Handtaschen. Die sind ja oft noch schwerer und sperriger als alles andere. Und dann wären da die furchtbaren Getränkekisten. Ich persönlich vermeide die einfach komplett und kaufe nie mehr als zwei Liter auf einmal. Deswegen gehen mir Säfte, Sojamilch und Rotwein auch regelmäßig aus. Zumindest, solange ich alleine einkaufen gehe. Wenn Männer dabei sind, sieht das anders aus. Wo sie sich doch sowieso gerne verausgaben und sich dadurch auch besser – nämlich männlicher – fühlen, warum sollten wir sie nicht lassen? Wir können ja unsere Energien in viel geilere Dinge stecken. Oder in die Sachen, die einfach wichtiger sind.

In einer meiner Beziehungen, die schon so lange her ist, dass tragbare Computer damals zu schwer waren, um sie entspannt mit sich herumzutragen, nahm der männliche Part immer die Tasche mit meinem Rechner über die Schulter, wenn wir zusammen unterwegs waren. Als wir uns einmal gestritten hatten und ich mir noch nicht sicher war, ob ich ihm jemals verzeihen würde, behielt ich auf seine Nachfrage hin meinen Rechner immer bei mir und strapazierte damit meine Schultern. Vielleicht einfach aus Trotz. Jedenfalls wollte ich ihm kein – auch noch so schweres – Stück meines Besitzes anvertrauen.

Es dauerte etwa zwei Wochen, bis der Mann sich so bewährt hatte, dass er mir das Gewicht wieder abnehmen durfte. Und wir beide waren darüber sehr froh. Wo wir Frauen doch sowieso so viel zu (er-)tragen haben, Männer zum Beispiel, ist es nur folgerichtig, dass sie uns auch beim Schleppen helfen.

» Wir Frauen sind göttliche und rätselhafte Wesen.
Lässig und elegant bahnen wir uns unseren Weg durchs Leben,
obwohl das Gewicht der Welt auf unseren Schultern lastet.«
KATHRYN EISMAN

Weil Männer sich für uns mit Idioten anlegen

Im Leben begegnet man immer wieder unangenehmen Gesellen. Das können die Nachbarn sein, die bei ihren ganztägigen Beobachtungen Dinge sehen, die ihnen nicht gefallen. Verkäufer, die nicht gern etwas zurücknehmen oder uns falsch beraten oder keinen Bock haben, Fragen zu beantworten. Idioten, die Parkplätze klauen. Ein Typ, der baggert oder pöbelt. Natürlich kann Frau das jederzeit alleine regeln. Ich ertappe mich aber immer mal wieder dabei, keinen Bock auf Stress zu haben und so eine idiotische Sache einfach auf sich beruhen zu lassen. Das Leben ist ja stressig genug, da will ich mich nicht unbedingt unnötigerweise aufregen und mich mit letztendlich unwichtigen Menschen anlegen. Das läuft aber nicht, wenn mein männlicher Begleiter dabei ist.

Neulich waren wir in einem Wäscheladen, und ich habe so richtig zugeschlagen und bin mit einer großen vollen Tüte freudestrahlend aus dem Laden marschiert. Vor allem, weil ich auch noch einen Gutschein eingelöst habe, der viel zu lange bei mir zu Hause rumgelegen hatte. Während ich danach im nächsten Laden, einem Stylo-Sportswear-Shop, rumsaß und darauf wartete, dass mein Freund sich für seine perfekte Jeans entschied, wühlte ich also in der Tüte mit meinen neuen Schätzen und freute mich darüber, wie sich das Material anfühlte und wie gut das eine oder andere Teil sich machen würde. Dann fiel mein Blick auf die Rechnung und ich bemerkte erst da, dass jedes dritte Teil kostenlos war. Nun hatte ich genau fünf Teile mitgenommen. Das bedeutete, dass ich ein weiteres Teil ohne Aufpreis hätte dazupacken können. Das hätte die Frau an der Kasse ruhig sagen können, fand ich. Und das eine Teil, das ich umsonst bekommen hatte, war so billig, dass es sich gar nicht gelohnt hatte. Dann fing ich an zu rechnen und dachte – hätte ich die drei teuersten Sachen zusammen gekauft, hätte ich davon das günstigste geschenkt bekommen. Und zu den anderen beiden Teilen noch einmal etwas Nettes umsonst. Das erzählte ich meinem Begleiter, als seine schicken neuen Sneakers in die Papiertüte gewandert waren. Wir beschlossen zurückzugehen und alles so umzutauschen, dass es dann am meisten Sinn für meinen Geldbeutel machte. Doch die junge Frau weigerte sich. Wegen des Gutscheins, der bei einer Stornierung angeblich verfallen wäre. Auch aus Kulanz wollte sie mir nichts anbieten. »Geht leider nicht« war alles, was sie dazu zu sagen hatte. Also gingen wir wieder, schließlich war ich ja trotzdem glücklich über meinen kleinen Kaufrausch.

Mein Begleiter sah das anders. Er regte sich vor der Tür auf, steigerte sich so richtig in die Sache hinein: »Sag mal, das kann doch wohl nicht wahr sein, die hat dich total scheiße beraten! Dass sie jetzt noch nicht mal ein Teil mit reinlegt! Echt! Das geht so nicht, wir müssen da jetzt noch mal rein.« Ich, weiblich-versöhnlich: »Ach, egal, lass uns lieber Kaffee trinken.« Er, männlich-heldenhaft: »Dann geh ich alleine!« Sprach er, nahm mir die Tüte aus der Hand, stürmte damit in den Laden und kam nicht eher wieder heraus, bevor er einen zusätzlichen Spitzenslip ergattert hatte und mir seine Gaben darbot.

»*Das wird kein ganzer Kerl, der nie ein Rüpel war.*«
OTTO JULIUS BIERBAUM, SPRUCH AUS ›IRRGARTEN DER LIEBE‹

Weil Männer uns beschützen wollen

Angenommen, ein Mann und eine Frau gehen zusammen auf eine Party oder in einen Club. Angenommen, dort trifft er einen Kumpel, es läuft ein Fußballspiel oder es passiert etwas anderes, das seine Aufmerksamkeit komplett in Beschlag nimmt. Etwas, das ihn vergessen lässt, dass er in Begleitung da ist und sich eigentlich um die Frau an seiner Seite und nicht um seine Jungs kümmern sollte. Ich kann genau sagen, wann er plötzlich wieder artig neben ihr steht und so präsent ist, als wäre er nie weg gewesen: wenn sie von jemandem zu viel Aufmerksamkeit bekommt. Ob eher positiv wie beim Anbaggern oder sehr negativ zum Beispiel beim Anpöbeln. Er wird parat stehen, als hätte er die ganze Zeit seine Peilsender auf sie gerichtet gehabt und nur auf seinen großen Einsatz gewartet. Heldenhaft steht er da, um – je nach Erfordernis – besitzergreifend den Arm um sie zu legen und damit sein Revier zu markieren oder um Schläge anzudrohen und im Notfall tatsächlich jemanden in die Flucht zu schlagen. Er kriegt einen großen Schuss Testosteron und Adrenalin, die durch seinen Körper jagen und höchstwahrscheinlich dafür sorgen, dass er uns im weiteren Verlauf des Abends auch noch beglücken will.

Aber der Beschützerinstinkt der Männer kommt auch und erst recht dann zum Vorschein, wenn tatsächlich Gefahr droht. So geriet ich mal so richtig Spielfilm-mäßig in eine Situation, in der im gleichen Raum geschossen wurde. Später habe ich mich nicht nur darüber gewundert, dass ich – ebenso wie alle anderen – automatisch in Sekundenschnelle auf den Boden gesackt bin, sondern auch und ganz besonders darüber, dass mein männlicher Begleiter sich auf dem Boden schnell auf mich drauflegte und meinen Kopf mit seinen Armen umschloss. Ganz so, als könnten sie Kugeln abhalten. Und schon war es nicht mehr ganz so beängstigend.

Ich war sehr gerührt, dass dieser Mann mein Leben beschützen wollte. Mit seinem eigenen Körper. Ich fand das großartig von ihm.

»Glücklich, wer, was er liebt, tapfer zu verteidigen wagt.«
OVID

Weil Männer uns so sehr beeindrucken wollen, dass sie die Wahrheit neu erfinden

Da nun das mit der Emanzipation nicht wirklich über-all angekommen ist, denken die Männer immer noch, sie müssten uns mit tollen Geschichten beeindrucken. Es kann dann schon passieren, dass sich die eine oder andere, sagen wir mal, von der Wahrheit divergierende Version einer vergangenen Beziehung, einer Berufslaufbahn oder einer Auseinandersetzung auf dem Schulhof ins Gespräch einschleicht.

Natürlich war es immer unser Mann, der die Schwachen gerettet und die Rennen gewonnen hat. Der in der Ex-Beziehung alles gegeben hat und zum Dank ganz schlimm verletzt wurde. Aber er hat sich gefangen, ist nicht mehr sauer auf sie und wünscht ihr selbstverständlich aus vollem Herzen ein tolles Leben.

Auch ansonsten ist er in seinen Geschichten aus der Vergangenheit immer der Härteste, der Coolste, der Intelligenteste. Er hat großen Respekt für Frauen und verurteilt all die Männer, die frauenfeindliche Dinge tun, aufs Schärfste. Er könnte es sich natürlich gar nicht vorstellen, seine Partnerin zu betrügen. Und er hat die abgefahrensten Sachen erlebt, als er an den entlegensten Ecken der Erde allein unterwegs war.

Sexuell hat er mehr ausprobiert, als man sich vorstellen kann. Deswegen hat er es jetzt total drauf und ist der beste Liebhaber, den Frau sich wünschen kann. Zumindest hatte noch nie eine Frau einen Grund, sich über ihn zu beschweren. Überhaupt waren die Frauen immer so von ihm begeistert, dass sie ihn nie gehen lassen wollten. Er hat aber immer versucht, die Trennung so sanft wie möglich hinzukriegen, damit sie es nicht so schwer hatte, diesen schlimmen Verlust zu verkraften.

Sehr interessant fand ich einen Mann, der mich von Anfang an ganz besonders beeindrucken wollte. Zunächst damit, dass er behauptete, er sei 28. In Wirklichkeit war er 38, was er mir am Ende des ersten Dates beichtete. Bei diesem ersten Date erzählte er mir, dass er mit seiner letzten Freundin sieben Jahre lang zusammen gewesen war und dass dies allein ja schon für seine Treue sprechen würde. Nach einigen Treffen, bei denen ich die eine oder andere Ungereimtheit verzieh, eröffnete er mir ungefragt die Zahl seiner bisherigen Sexpartnerinnen: »Guck mal, ich bin jetzt 38 und war bisher nur mit neun Frauen im Bett.« Nachdem er wohl festgestellt hatte, dass ich ein relativ lockerer Mensch bin, begann er mir von den Dreiern zu erzählen, die er mit seiner langjährigen Expartnerin und anderen Frauen gehabt hatte.

Ganz skurril wurde es, als er, noch etwas später, von seinen Besuchen in Swinger-Clubs erzählte, die auch während seiner treu-monogamen Beziehung stattgefunden hatten. Diese Swinger-Frauen sprengten nun wirklich die bescheidene Zahl von Sexpartnerinnen, die er mir anfangs als Zeichen seiner Vertrauenswürdigkeit zitiert hatte. Und dann gab es noch die Kollegin, mit der er bei der Fahrt nach Hannover im Bett gelandet war ...

Und spätestens an dieser Stelle hörte ich auf, all das interessant oder in Ansätzen glaubwürdig zu finden und zog mich zurück. Weit zurück. Schade eigentlich. Hätte er von vornherein gezeigt, wer er ist und welches Leben er führt, hätten wir vielleicht wenigstens ein paar lustige Stunden miteinander verbringen können.

Leider wissen auch Männer manchmal nicht, dass wir sie mögen, wie sie in Wirklichkeit sind. Sie erfinden Märchenwelten, in denen sie Drachen, Dinosaurier und Orks töten und am Ende die Prinzessin retten und für den Fortbestand der Welt sorgen. Aber gleichzeitig ist es für mich auch unglaublich beeindruckend, dass sie so eine Fantasie besitzen und sie einsetzen können, um uns zu bezirzen. Nicht wenige stellen sich dabei auch deutlich geschickter an als mein Swinger-Dreier-Geschichtenerzähler und manchmal glauben wir ihnen ihre Lügen auch sehr gern. Wer möchte sich nicht in einen Prinzen verlieben, der schon so oft die Welt gerettet hat?

»Der beste Lügner ist der, der mit den
wenigsten Lügen am längsten auskommt.«
SAMUEL BUTLER D.J. IN ›DER WEG ALLEN FLEISCHES‹

Weil Männer nicht aufgeben,
auch wenn es längst an der Zeit wäre

Schon mal einen Mann kennengelernt, der nach fünf Jahren körperlicher Inaktivität plötzlich beschließt, mit dem Joggen anzufangen? Also, ich ja und da spielte die nahende Midlife-Crisis wohl schon eine gewisse Rolle. Bis zum Sportwagen dauerte es danach jedenfalls nicht mehr besonders lange. Bevor er sich auch nur das erste Mal versuchsweise für eine kleine Lauf-Runde nach draußen bewegte, schaffte er sich ein komplettes Outfit an. Alles atmungsaktiv und windschnittig von einer total hippen Sportler-Marke und auch die professionellen Laufschuhe mit der besten Federung wurden elektronisch genau an die eigene Fußform angepasst. Der Pulsfrequenz-Messer wurde nicht angeschafft, um auf die Gesundheit zu achten und in einem gesunden Frequenz-Bereich zu trainieren, sondern weil das bei den richtigen Läufern eben einfach dazugehört. Und ein richtiger Läufer war er ja natürlich gleich beim ersten Mal.

Und dann ging es los, es wurde gerannt. Und nicht eher aufgehört, bevor die Alster umrundet und dabei auch noch die Zeit des zehn Jahre jüngeren Kollegen geschlagen wurde. Und das plötzlich jeden Tag, ohne Regeneration, ohne Gnade. Muskelkater und schmerzende Gelenke wurden tapfer ertragen und waren nur ein Zeichen seiner großen Leistungen.

Nun könnte man ja auch anders an so ein Projekt rangehen. Bedacht und mit Strategie. So, dass man langsam seine Kondition aufbaut, sich erst mal austestet, den Gelenken

Zeit gibt, sich an die gesteigerte Anstrengung anzupassen und mehr Gelenkschmiere zu produzieren. Man könnte erst mal herausfinden, ob Laufen überhaupt Spaß macht, bevor man viel Geld in das Equipment investiert. Man könnte darauf achten, dass man sich dabei und danach gut fühlt.

Aber nein, nicht er. Er war ein richtiger Kerl. Und so ein richtiger Kerl riskiert lieber bleibende Schäden, Schmerzen und einen Kollaps, bevor er sich mit den Grenzen der eigenen Fitness abfindet. Da wird durchgehalten, auch wenn es schon lange nicht mehr geht.

Das gilt nicht nur beim Sport, sondern gleichermaßen in vielen anderen Situationen, auch bei praktischen Dingen wie bei Umzügen (Na klar schafft der Mann alleine die Waschmaschine aus dem fünften Stock runter und wieder hoch in den vierten!). Überhaupt kein Problem. Der Mann gibt nicht eher auf, bevor alles geschafft ist. Und das dann auch immer noch schneller und besser, als jeder andere es könnte. Koste es, was es wolle.

Manchmal macht es für uns dann aber mehr Sinn, den Kumpel des eigenen Mannes einzuspannen als ihn selbst. Dann muss sich nämlich seine Freundin mit dessen Bandscheibenvorfall auseinandersetzen und unserer kann sich mit uns noch mal auf die laufende Waschmaschine begeben und dort seine Ausdauer beweisen …

»Courage ist gut, aber Ausdauer ist besser.
Ausdauer, das ist die Hauptsache.«
THEODOR FONTANE

GRUND NR. 29

Weil Männer beim Einparken cool bleiben

Zugegebenermaßen geht es nicht allen Frauen so, aber ich parke ein wie eine Anfängerin. Ganz beschissen. Fahre nicht in enge Lücken, ungern ins Parkhaus, parke nicht rückwärts und am liebsten gar nicht, wenn der freie Platz nicht die Dimension einer Bushaltestelle hat. Das Problem steigert sich natürlich noch ungemein, wenn es Zuschauer gibt, somit würde ich nie vor einem Restaurant parken. Beziehungsweise versuchen zu parken. Nein, nein, kann nichts werden, macht nur Stress, schlechte Laune und Schweiß auf der Stirn.

Diese Unfähigkeit hat natürlich mit einem nicht verarbeiteten Trauma zu tun, sagt mein Freund, der Diplom-Psychologe ist. Aber ich habe mich dagegen entschieden, dieses furchtbare Thema aufzuarbeiten und fahre eine andere Strategie: Vermeiden. Und da es sich – zumindest als Stadtmensch – schwer fahren lässt, ohne auch parken zu müssen, hat es sich irgendwie nie ergeben, dass ich ein Auto hatte. Da gibt es noch 'ne Menge offizielle Gründe von »zu teuer« über »brauch ich nicht« bis zu »so 'ne Umweltverschmutzung«, aber letztlich möchte ich mir nur nicht den Stress antun, einen Parkplatz suchen und füllen zu müssen. Ohne Blechschäden. Und dann wäre da noch das Problem mit der Orientierung. Verfahren gehört nämlich auch zu meinen Lieblingsbeschäftigungen, wenn ich selbst am Steuer sitze. Das passiert mir zwar selbst zu Fuß, aber mit dem Auto wird es am Ende in jedem Fall komplizierter, weil man nicht überall wenden und abbiegen kann.

Und die Männer in meinem Leben? Alle glänzende Fahrer. Tolle Parker, die mich mit ihrer »2-mal lenken, sofort rein«-Technik total beeindrucken. Und die schaffen das nicht nur mit den kleinen wendigen Smarts, sondern auch mit dicken Jeeps und beinahe ebenso lässig mit den Transportern, die man sich für die beschwerlichen Umzüge ausleiht. Alles, was mir dann bleibt, ist zu sehen und zu staunen. Und mich ganz selbstbestimmt dafür zu entscheiden, mich in meine Mädchenrolle zu versenken, in der ein Held mir das Fahren abnehmen muss. Bisher hat sich auch fast immer einer gefunden. Was für ein Glück!

»Keine Unterwerfung ist so vollkommen
wie die, die den Anschein der Freiheit wahrt.
Damit lässt sich selbst der Wille gefangen nehmen.«
JEAN-JACQUES ROUSSEAU IN ›EMILE‹

Weil Männer aus allem
einen Wettbewerb machen

Das Gute am Umgang mit Männern ist, dass sie meist nach einfachen Regeln ticken. Wenn man die erst mal begreift, kann man sich ganz gut mit ihnen arrangieren. Das bedeutet aber auch, dass wir uns nicht mit allem abfinden müssen. Es ist gar nicht so schwer, eine Veränderung seines Verhaltens zu erreichen, wenn Frau sich nur schlau genug anstellt.

Es gibt eine Dynamik, auf die in jedem Fall Verlass ist: Männer möchten unter allen Umständen verhindern, schlechter abzuschneiden als andere. Genau genommen wollen sie immer die Besten, Größten, Reichsten und Schnellsten sein. Und diejenigen, die ihre Frauen auf jeden Fall glücklicher machen als alle anderen. Wenn jemand etwas Tolles hat, will ein Mann nicht nur auch so etwas Tolles haben oder sich gar ganz einfach mit der Person freuen, nein, er braucht dann dringend etwas Besseres. Etwas viel Besseres. Etwas, das der andere ganz unmöglich noch überbieten kann. Das gilt für Autos und Flachbild-Fernseher, aber zum Glück auch für die Weihnachtsgeschenke für seine Frau, den Heiratsantrag, das Urlaubsziel und die Küchenausstattung. Insofern können wir davon profitieren, wenn wir das richtig anstellen.

Aber auch in anderen Bereichen kann man eine Menge erreichen. Durch mehr oder weniger subtile Andeutungen oder einfach durch Hinweise darauf, was die Partner der Freundinnen so mit ihnen anstellen: »Lars und Tine machen einen Salsa-/Tantra-/Kochkurs.« Oder: »Kannst du dir das vorstellen, Jonas hat Mirjam ihre ganze Wohnung renoviert, während sie auf der Fortbildung war.« Oder, in akuten Krisen: »Also, Jürgen will seine Beziehung auf jeden Fall retten, deswegen hat er jetzt 'ne Paar-Therapie vorgeschlagen. Eigentlich haben sie beide keinen Bock, aber sie wollen zumindest alles versucht haben.«

Sollte das nicht ausreichen, sind die eigenen Exfreunde als Referenz noch ein ganzes Stück effektiver, wobei hier aber das Verletzungspotenzial auch sehr hoch ist. Frau sollte sich also gut überlegen, bei welchen Gelegenheiten sie dieses Mittel einsetzt, aber wenn es wirklich Sinn macht, funktioniert es in jedem Fall ausgesprochen gut. Denn jeder Mann möchte im Wettbewerb des Lebens antreten und beweisen, dass er ein Gewinner ist.

»Bei unserer Geburt treten wir auf den Kampfplatz
und verlassen ihn bei unserem Tode.«
JEAN-JACQUES ROUSSEAU

Weil Männer uns ihre Jacken geben und tapfer frieren

Im Allgemeinen ist die öffentliche Anbetung von Frauen spätestens seit dem Aussterben des Minnesangs keine Aktivität mehr, mit der Männer glänzen können. Damals haben sie ihre Verehrte aus der Ferne besungen, wohl wissend, dass es für die Verwirklichung der Sehnsucht keine Chance gab. Jedenfalls nicht in diesem Leben. Doch sie sangen und sangen, schmachteten und schmachteten und waren zufrieden damit, der Angebeteten ihre treu ergebene Liebe aus der Ferne zeigen zu dürfen.

Heute haben Männer nicht mehr so viele Möglichkeiten, ihre Zuneigung in die Welt hinauszuschreien, es sei denn, sie wollen in einer peinlichen Talk- oder Reality-Show auftreten und ihre Angebetete genau wie sich selbst dabei komplett blamieren.

Aber auch heute gibt es effektive Möglichkeiten, um sich als ritterlicher Retter zu präsentieren: das Abgeben der Jacke beispielsweise, wenn die Frau friert. Da kann er mehrere männliche Kernkompetenzen gleichzeitig vorführen und mit Glück auch noch einen kleinen körperlichen Annäherungsversuch starten. Wenn er seine Jacke opfert, betont er seine fürsorgliche Seite, die ihn zum herausragenden Kandidaten für eine Beziehung macht. Er zeigt seine Fähigkeit zu verzichten. Er bringt auch seine Gesundheit und körperliche Stärke zur Geltung, die es ihm ermöglichen, heldenhaft jede Witterung zu ertragen. Einzig und alleine, damit sie es schön warm hat. Und damit offenbart er sich auf mehreren Ebenen als der perfekte Partner.

Er muss es ja nicht gleich übertreiben, wie Leonardo DiCaprio als Jack Dawson in »Titanic«. Wenn unser Held nicht bei seinem Einsatz erfriert, haben hinterher alle Beteiligten sehr viel mehr davon. Sich sehnsüchtig schmachtend an jemanden zu erinnern, ist zwar irgendwie romantisch, aber doch nicht besonders erfüllend. Ich stelle es mir jedenfalls schöner vor, wenn ich ihn wieder aufwärmen kann, wenn wir zu Hause sind. Je nachdem, wer da so heldenhaft verzichtet hat, mit einem heißen Tee oder einem heißen Bad. Gemeinsam natürlich.

»Tapferkeit wird dadurch nicht schlechter,
dass sie ein wenig schwerfällt.«
GEORGE BERNARD SHAW

Weil Männer gern zur Stelle sind, wenn uns ein anderer verletzt hat

Nicht immer müssen wir gerettet werden, wenn es um unsere eigenen Kompetenzen (zum Beispiel Parken und Schleppen) oder um höhere Gewalt wie die Außentemperatur am Abend geht. Manchmal sind wir auch aus anderen Gründen nicht mehr ganz Frau unserer selbst.

Wenn ein fieser Mann uns verletzt hat zum Beispiel. Da brauchen wir gleich eine andere männliche Schulter zum Anlehnen und Ausheulen. Und da sind dann auch nicht nur die besten Freundinnen, die uns beim Heulen zuhören, sondern auch die Kumpels zur Stelle, die uns die Männerperspektive zu der Geschichte erklären, mit uns Filme gucken und uns in die starken Männerarme nehmen, die wir in so einer Situation oft so dringend brauchen. Oder die mit uns irgendwohin marschieren, wo »das Schwein« oder »der Arsch« auch sein könnte und wo wir auf keinen Fall als offensichtlicher Single auftauchen wollen. Wo wir uns aufbrezeln und einen ebenso aufgebrezelten Begleiter am Arm haben wollen, der uns überdeutlich und total offensichtlich anschmachtet und sich hinterher mit uns betrinkt. Der uns sagt, dass der Typ uns gar nicht verdient hat, wo wir doch so großartig sind.

Und wenn er unser Ego wieder aufpoliert hat, bringt er uns danach sicher nach Hause. Und als wirklicher Held erweist er sich dann, wenn er nicht versucht, die Situation auszunutzen, sondern sich ganz brav an der Tür von uns verabschiedet oder mit uns einen Film guckt und tatsächlich ohne Grenzüberschreitungen mit uns einschläft.

Und wenn wir nach einer platonischen, nicht ausgenutzten Zeit mit unserem Tröster feststellen, dass er vielleicht nicht nur ein Kumpel bleiben sollte, hat er in der Zwischenzeit schon mal für eine ganz gute Basis gesorgt und ist offiziell als vertrauenswürdig eingestuft worden. Das mindert dann die Chancen, dass wir auch ihn mittelfristig für einen Arsch halten und wegen ihm einen neuen Tröster brauchen. Und gute Tröster sind rar, die sind gar nicht so leicht zu finden.

»So ist es auf Erden: Jede Seele wird geprüft
und wird auch getröstet.«
FJODOR DOSTOJEWSKI

Weil Männer sich um Ungeziefer kümmern

Sich um Spinnen, Motten, Raupen, Würmer und Mäuse zu kümmern, ist typischerweise Männersache. Erst recht, wenn die Störenfriede von größerer Natur sind. Wie Ratten oder Riesen-Kakerlaken. Dieser Einsatz ist allerdings nicht immer nur selbstlos und heldenhaft, denn meist haben meiner Erfahrung nach die Männer einen ziemlich großen Anteil an dem Anlocken der Viecher. Und damit ist es auch klar, dass sie ganz alleine fürs Vertreiben zuständig sind.

Ein ehemaliger Bekannter, der mich zu sich nach Hause einlud, schämte sich zum Beispiel kein bisschen für die Mottenarmeen, die durch sein Haus wirbelten und die Gäste willkommen hießen. Der schlug mal kurz halbherzig mit der flachen Hand durch die Luft und konzentrierte sich dann wieder auf andere Themen. Ihm schien das weder peinlich zu sein, noch sah er einen großen Handlungsbedarf, weswegen sich die Horden über die Wochen immer weiter vermehrten.

Auf deutliche Forderungen hin schaffte er allerdings die beschwerliche Reise zur Drogerie, um Mottenfallen und Essigreiniger zu besorgen. Als die Forderungen dann noch nachdrücklicher wurden, kriegte er es auch auf die Reihe, seine Vorratsschränke zu entrümpeln und alles mal ordentlich durchzuwischen. Zum ersten Mal in wahrscheinlich über fünf Jahren. Ich stand dabei und gab Anweisungen; schließlich war das sein und nicht mein Problem. Und das Ausmaß seiner Mitschuld an dem Ungeziefer-Paradies wurde dabei ziemlich schnell deutlich. Mehl- und Müslipackungen mit Verfallsdaten aus dem letzten Jahrtausend sollten in den Schränken jedenfalls im besten Fall in der Minderheit sein. Bei ihm nicht, da gab es fast nur Dinge, die man nicht ohne Gummihandschuhe anfassen wollte. Es war also eindeutig seine Schuld und damit war er auch für die Beseitigung des Schlamassels verantwortlich. Dieser Verantwortung stellte er sich. Gründlich. Und damit war alles gut. Da er aber leider die Ungezieferbeseitigungs- und Reinigungsaktion für eine einmalige Sache hielt und nicht weiter dafür sorgen wollte, dass sich nicht immer wieder neue Populationen ansiedelten, blieben meine Besuche bald aus. Er hatte ja schon genug Gesellschaft. Und die war weniger anspruchsvoll.

Aber es gibt ja zum Glück auch richtig tapfere, tolle Männer-Exemplare, die sofort aufspringen, wenn eine Frau schreit: »Da ist 'ne riesige Spinne!« Entweder, um sich in Sicherheit zu bringen, oder, um das arme verschreckte Tier auf dem Balkon abzusetzen.

»*Der Zustrom von Gästen zerstört die Gastfreundschaft.*«
Jean-Jacques Rousseau

KAPITEL VIER

VÄTER

»*Vater werden ist nicht schwer, Vater sein dagegen sehr.*«
WILHELM BUSCH

Weil Männer uns zu Müttern machen

Von meinen Freundinnen und Schwestern, die schon Mütter sind, höre ich übereinstimmend, dass das Mutterwerden der größte Einschnitt und auch die größte Veränderung im Verlauf eines Frauenlebens ist. Und dass dieses Ereignis des Mutterwerdens ihnen die schönsten und unglaublichsten Momente und Gefühle beschert hat. Das im eigenen Körper wachsende Leben, die Geburt eines neuen Menschen und schließlich all die Dinge, die das eigene Kind so lernt und macht: das Schlafen und Lächeln, das Wachsen, die kleinen Bäuerchen und so herzallerliebste Dinge wie das Windelnfüllen. Frauen sind beim Mutterwerden mit der Essenz des Lebens und der Welt verbunden und entwickeln dabei eine vorher nie da gewesene Ehrfurcht.

Und auch wenn an vielen dieser Momente nicht unbedingt Männer beteiligt sind, geht es doch noch immer nicht ganz ohne ihren Beitrag. Irgendwie ist er ja mit der Entstehungsgeschichte des neuen Menschleins verwoben. Soweit ich weiß, sind Samenbanken bisher jedenfalls nicht das florierendste Geschäftsmodell der Bundesrepublik Deutschland. Und egal, wie es nach der Geburt zwischen der Mutter und dem Vater des Kindes weitergeht, in jedem Fall kann die Frau dankbar dafür sein, dass er sie zur Mutter gemacht hat. Und dieses Erlebnis kann ihr auch keiner mehr nehmen, das wird für immer ihr Leben verändern. Wenn aus Vater und Mutter ein Elternpaar wird, das die neue Phase gemeinsam meistert, ist das natürlich umso schöner.

Eigentlich sehr schade, dass so viele allein erziehende Mütter sich nur an den negativen Seiten der »Erzeuger« ihrer Kinder hochziehen. Und sich nicht – wenigstens zwischendurch mal – darauf besinnen, dass sie ohne diesen schlimmen Kerl nicht den wunderbaren Menschen zur Welt gebracht hätten, der jetzt das Leben mit ihnen teilt. Ist natürlich ebenso schade, dass so viele Väter sich vor ihrer Verantwortung drücken und sich nicht mal finanziell beteiligen. So gibt es auf beiden Seiten Nachholbedarf. Aber mit ein bisschen Mühe können wir uns alle mehr über neues Leben freuen.

»Es ist ein Rausch, Mutter zu sein,
und eine Würde, Vater zu sein.«
SULLY PRUDHOMME

Weil Männer stolz auf ihren Nachwuchs sind

Es gibt so einige Dinge, mit denen Männer gerne angeben. Die meisten davon haben wahrscheinlich mit Geld, Karriere und Status zu tun. Ein paar dann noch mit Frauen. Aber die ergriffensten, gerührtesten stolzen Männer habe ich immer dann erlebt, wenn sie Teil davon wurden, neues Leben zu schaffen. Wenn sie ihren biologischen Auftrag erfüllt und ihren Samen erfolgreich verstreut haben.

Schon wenn die Frau schwanger ist, schwillt die Männerbrust an. Schließlich ist an diesem Punkt klar belegt, dass der betreffende Kerl auch ein ganzer ist. Mit Spermatozoen, die noch nicht durch Nikotin unschädlich gemacht oder beim Radfahren verheizt wurden. Und je mehr ihr Bauch sich nach außen wölbt, desto mehr schwillt auch sein Ego an. Wenn das Kind dann aber erst mal geboren ist, scheint die Männlichkeit unbestreitbar bewiesen und der Stolz steigt ins Unermessliche.

Deutlich sieht man das bei den Reality-Shows, in denen die Männer vor Rührung und Ergriffenheit beim ersten Schrei ihres Kindes heulen. Noch deutlicher hab ich dieses Gefühl vor Kurzem als Beobachterin einer Männerrunde in der Hamburger Bar Red Lounge erlebt. Da feierte einer der Herren offensichtlich die Geburt seines Kindes und die Männer kamen alle zusammen, um ihm zu gratulieren, mit ihm anzustoßen und ehrfürchtig eine Zigarre zu rauchen. Auch wenn sich bei mir mal kurz der Gedanke einschlich, dass er womöglich gerade eher die Mutter seines Kindes unterstützen sollte, als bei seinen Jungs anzugeben, fand ich den Moment total schön und ergreifend. Die Männer zollten demjenigen aus ihrem Kreis Respekt, der gerade etwas Großes geschafft, etwas Bedeutendes erreicht hatte. Ein wunderschöner und sehr bewegender Moment. Der Vater strahlte übers ganze Gesicht und man konnte sehen, wie glücklich und stolz er war.

Außerdem sind Männer große Angeber und können kaum umhin, jedem zu erzählen, dass sie das schnellste, schönste, stärkste und intelligenteste Kind der Welt fabriziert haben. Während Mütter auch oft so denken, beschränken sie sich mit diesen Aussagen eher auf den engen Freundeskreis. Väter dagegen schreien es in die Welt hinaus, so stolz sind sie – auf ihr Kind und damit auch auf sich selbst.

»*Und wie das häufig so der Brauch,*
Der Stolz wuchs mit dem Bauche auch.«
Wilhelm Busch

Weil Männer gute Vorsätze haben, wenn es um ihre Vaterrolle geht

Natürlich machen Väter Fehler. Alle, ohne Ausnahme. Mütter tun das ja schließlich auch. Viele Väter haben allerdings so viel Angst davor, ihrem Nachwuchs gegenüber zu versagen, dass sie sich lieber komplett der Verantwortung entziehen. Und das ist dann natürlich der größte Fehler, den Mann machen kann. Leider passiert das viel zu häufig, weswegen wir fast alle mit unseren Vätern eine Rechnung offen haben.

Aber es gibt einen Punkt, den man eigentlich in jedem Fall anerkennen kann: Männer wollen gute Väter sein. Fast ausnahmslos. Und aus tiefstem Herzen. Sie wollen viel bessere Väter sein, als ihre eigenen es jemals waren. Sie wollen die Fehler ihrer Eltern auf gar keinen Fall wiederholen. Sie wollen ihren Kindern etwas bieten – in jedem Fall mehr, als sie in ihrer Kindheit und Jugend hatten. Ob nun mehr Liebe, mehr Aufmerksamkeit oder mehr Geld hängt ganz davon ab, was ihnen eben früher gefehlt hat. Und bei der Fülle dieser Ansprüche wollen sie auf gar keinen Fall versagen.

Doch mit all dem Wollen geht dann oft etwas schief. Der Druck ist einfach zu groß. Da wäre es natürlich einfacher, wenn man sich kleinere Ziele setzt. Aber das widerspricht ja eher der männlichen Maxime von schneller, höher und weiter.

Wenn Männer als Väter handlungsfähig bleiben sollen, muss also jemand anders vernünftig sein, zum Beispiel die Frauen. Vielleicht mit mehr Unterstützung für die Männer, statt mehr Vorhaltungen und mehr Erwartungen von allen, die in irgendeiner Form am Elternwerden beteiligt sind: Partnerin, Eltern, Schwiegereltern, ihre besten Freundinnen, seine Freunde, Hebamme, Elternzeitschriften, seine Kumpels, ihre Nachbarn, Ärzte, Reality-Shows und so weiter. Männer sind nicht so robust, dass sie viel Druck standhalten könnten.

Dennoch, der Vorsatz ist da. Und wenn wir dem Vater in spe etwas mehr Zuspruch und Zuversicht zukommen lassen, traut er sich vielleicht eher, zu bleiben und aktiv zu werden. Fehler zu machen und dadurch nach und nach ein guter – oder zumindest ein immer besserer – Vater zu werden. Und sich auch mit seinem eigenen Vater zu versöhnen, der es ja damals schließlich auch ernsthaft versucht hat.

»Alle guten Vorsätze haben etwas Verhängnisvolles:
Sie werden zu früh gefasst.«
OSCAR WILDE

GRUND NR. 37

Weil Männer mit uns schwanger werden

Nicht nur Frauen erleben in einer Schwangerschaft tiefgreifende Veränderungen. Auch in werdenden Vaterkörpern und -seelen passiert eine Menge. Oft sogar bei beiden Eltern in spe gleichzeitig. Weil auch der Mann mit vielen Entwicklungen fertig werden muss. Neben den Gefühlen, weil ganz existenzielle Ängste zu verarbeiten sind, auch die Forderungen der werdenden Mutter und die eigenen Ansprüche an die Elternrolle. Und dann gibt es auch noch diese lustigen körperlichen Auswirkungen, die eine Schwangerschaft auf viele Männer hat. Sie werden pummelig, empfindlich und sensibel. Haben morgendliche Übelkeit, Rückenschmerzen und Wasser in den Beinen. Das habe ich sowohl bei meinem Bruder als auch bei meinem Pilates-Trainer miterlebt. Der entwickelte plötzlich einen ganz neuen Bezug zu seinem Core. Und bekam manchmal Probleme mit dem Gleichgewicht. Und musste nach der Geburt richtig was tun, um wieder abzuspecken. Dazu brauchte er sogar länger als seine Frau.

Vor Kurzem saß ich im Aufenthaltsraum eines Geburtshauses und wartete. Dabei sah ich Männer ihre Frischgeborenen, kleine Fläschchen oder Teeflaschen durch die Gegend tragen. Während einige relativ normal angezogen waren, hatten andere sich voll in Schwangerschafts-Couture gekleidet, schlappten in Flip-Flops und dehnbaren kuscheligen Hosen aus Nicki-Material über die Flure, aus denen vorne der Bauch hervortrat. Kaum von den anwesenden Müttern zu unterscheiden, so ein Neu-Daddy.

Für diese lustigen Vorgänge gibt es sogar einen hoch-offiziellen Namen: Couvade-Syndrom. Ist angeblich eng mit dem männlichen Gebärneid verknüpft und sorgt für männliche Schwangerschafts-Symptome. Ich finde das un-glaublich niedlich und sympathisch. Denn es zeigt, dass die Männer sich doch bemühen – ob nun bewusst oder nicht –, mitfühlende Partner zu sein. Und weil geteiltes Leid halbes Leid und geteilte Freude doppelte Freude ist, können wir Frauen mit der Männerschwangerschaft sehr viel besser umgehen als mit den männlichen Zyklusschwankungen und der Midlife-Crisis.

Manche meiner Freundinnen denken eher, dass die männliche Pummeligkeit eine dezente Strategie der Natur ist, die werdende Väter vom Fremdgehen abhalten soll. Das tun nämlich erschreckend viele Männer vor oder kurz nach der Geburt ihres Nachwuchses. Aber so werden sie durch die kneifenden Hosen und die wabbeligen Schenkel daran erinnert, dass ihre Partnerin gerade dank seiner Beteiligung aus der Form gerät. Und ganz dringend seine Unterstützung und sein Mitgefühl braucht.

»Das Verstehen ist ein Wiederfinden des Ich im Du.«
WILHELM DILTHEY

Weil Männer in der Schwangerschaft kaum ertragen, dass sie so wenig machen können

Manche Männer fühlen sich in der Schwangerschaft als Väter in spe richtig männlich. Sie beschützen und umsorgen die Frau an ihrer Seite, lassen sie nichts mehr tragen und achten darauf, dass sie sich nur nicht zu sehr anstrengt. Sie schleppen Getränkekisten, Mülltüten und tragen sogar die Handtaschen, wenn sie das Gefühl haben, dass die Frau jetzt damit überfordert oder das ungeborene Leben in Gefahr sein könnte. Manche ölen auch mit vollem Einsatz den wachsenden Babybauch, damit er von Dehnungsstreifen verschont bleiben kann. Damit sind sie dann gut beschäftigt und fühlen sich gebraucht und in ihrer Männerrolle bestätigt. Andere kommen brav mit in den Geburtsvorbereitungskurs und lernen eifrig wickeln, anziehen und können bei ihrer Frau durch Massage für Schmerzlinderung sorgen.

Doch leider kommen im Verlauf so einer Schwangerschaft – die ja ganz schön lange dauert – auch andere Momente vor, in denen er nichts tun kann, als nur hilflos rumzustehen. Und vielleicht gerade mal mitfühlend zu gucken. Dann nämlich, wenn sie wirklich etwas gebrauchen könnte und sich wünscht, sie hätte eine Leihmutter engagiert. Wenn sie Schmerzen hat, gegen die sie keine Medikamente nehmen darf, oder sich vielleicht kaum noch bewegen kann. Wenn die Hormone total verrückt spielen und sie nur noch heult. Wenn die ganze Welt für sie zusammenbricht, weil sie sich so viele Sorgen macht. Die Wehen kann er ihr leider nicht abnehmen und Geburten würden Männer wahrscheinlich niemals überleben. Schon beim Zusehen fallen manche von ihnen sogar lieber in Ohnmacht als zuzugeben, dass sie komplett hilflos sind. Bis das Kind da ist (bei manchen auch bis es etwa sechs Jahre alt ist), können sie nicht wirklich viel mehr machen, als die Frauen aus dem Hintergrund heraus zu unterstützen. Und weil Männer im Allgemeinen die aktiven Macher sein wollen, haben sie in dieser Phase ein Riesenproblem mit ihrem Ego. Aber wenn man ihnen klar definierte Aufgaben zuteilt und sie dafür lobt, dass sie diese brav erledigt haben, halten sie das ganz schön lange durch.

»Das Warten ist die grausamste Vermengung
von Hoffnung und Verzweiflung, durch die
eine Seele gefoltert werden kann.«
SULLY PRUDHOMME

GRUND NR. 39

Weil Männer durch ihre Kinder bessere Menschen werden

Es gibt Männer, die so großartig sind, dass man sich wünscht, sie mögen schnellstmöglich Väter werden. Weil man einfach weiß, dass sie einen tollen Job machen würden und die Welt ein besserer Ort wäre, wenn Menschen wie sie sich darin noch fester verankerten. Und vervielfachten. Da drückt man Daumen und ärgert sich, wenn sie nicht die richtigen Frauen finden oder Entscheidungen treffen, die nicht zu unseren Vorstellungen passen. Einige meiner männlichen Freunde fallen in diese Kategorie. Sie sind wunderbar, intelligent, entspannt und liebevoll und haben eigentlich nur einen Fehler: Bisher sind sie fast alle kinderlos.

Und dann gibt es die anderen Exemplare, ebenfalls unter meinen Bekannten. Die Männer, die keine Verantwortung übernehmen wollen, sich für keine Frau entscheiden können, viel zu viel rauchen und trinken und sich in zwielichtigen Etablissements herumtreiben. Ja, da denkt man sich dann oft eher: »Bitte, bitte, benutz doch bloß ein Kondom!« Naja, und die sind es dann mitunter auch, deren Affären, One-Night-Stands oder schön auf Abstand gehaltene Freundinnen oder ganz zwanglosen Spaß-Arrangements plötzlich ihre Schwangerschaften verkünden.

Au Backe, habe ich dann schon mehrmals gedacht, was wird nur aus dem armen Würmchen? In spätestens 15 Jahren ein Talkshow-Gast? Aber damit lag ich nicht immer richtig. Eigentlich lag ich meistens falsch. Ganz falsch sogar. Denn ich habe jetzt schon einige Male erlebt, dass

genau diese schlimmen Jungs eine 180-Grad-Wendung vollzogen haben, die ich ihnen niemals – zumindest nicht in den
nächsten zehn bis fünfzehn Jahren – zugetraut hätte. Aber
sobald die ehemaligen Luschen begreifen, dass sie tatsächlich etwas gezeugt haben, das jetzt in dieser Frau zu einem
kleinen Menschen heranwächst, verändert sich alles. Da erkennen sie plötzlich einen Sinn im Leben und wollen etwas
aus ihrem eigenen machen. Wollen ein gutes Vorbild sein.
Ein guter Vater und vielleicht sogar ein guter Partner. Und
damit auch irgendwie ein besserer Mensch. Und am Ende
passt dann doch wieder alles.

»Keiner ist perfekt und ich war vielleicht echt kein guter Ehemann,
doch ich werd ein guter Vater sein, das schwöre ich, mein Leben lang.«
Samy Deluxe in ›Vaterlos‹ von ASD

Weil Männer ihre Töchter
vor miesen Typen warnen

Väter wollen ihren Kindern natürlich vieles mit auf den Weg geben. Viel Wissen, gute Wünsche, alle möglichen Weisheiten und das richtige Händchen bei der Partnerwahl. Bei Söhnen ist dann auch das Gespräch über Frauen Ehrensache. Er muss ja genau wissen, wie man sich den Ladys nähert und wie man sie sich wieder vom Hals schafft. Doch weil man selbst ein Mann ist und die fiesen Tricks der Geschlechtsgenossen kennt, müssen Töchter natürlich etwas anderes lernen: dass nur Papa ein Guter ist und alle anderen Männer gefährlich und gemein.

Wenn das Töchterlein dann schließlich mal einen Aspiranten mit nach Hause nimmt, gibt es nicht nur eine kritische Durchleuchtung seiner Absichten und Assets, sondern er wird auch intensiv zur Brust genommen und verwarnt. Und sollte irgendetwas passieren, wodurch das arme kleine Töchterchen verletzt werden könnte, wird er zur Stelle sein und das Ganze unter Männern regeln. Zumindest, wenn ihn keiner aufhält.

Mein eigener Vater war in den gefährlichen Zeiten leider nicht präsent, weswegen ich doch den einen oder anderen Versuch mit einem miesen Vertreter der Spezies Mann unternommen habe. Daraus habe ich auf lange Sicht natürlich viel gelernt, aber bei Freundinnen habe ich beobachtet, dass das gar nicht unbedingt so sein muss. Wenn ein Vater oder eine andere vertrauenswürdige männliche Bezugsperson mit an Bord war, wussten Töchter, dass Männer weder schlimme

Schurken noch edle Ritter sind, sondern Menschen mit einem guten Kern und mal mehr und eben auch mal weniger Dreck am Stecken. Und daher wissen sie auch viel früher, was Frau mitmachen muss und wo sich die Mühe von vornherein nicht lohnt. Und wenn der Daddy den Mann, der seinem Töchterlein näherkommen will, eingehend geprüft und nachdrücklich verwarnt hat, ist das Verletzungsrisiko vielleicht gar nicht mehr so hoch. Außer die Töchterchen rebellieren gegen den Vater. Aber dann sind sie selbst schuld und müssen da eben durch. Das läuft also eigentlich aufs Gleiche hinaus.

Wenn kein Vater da ist, gibt es vielleicht einen Bruder oder auch nur einen guten Freund, der das Mädchen im Auge behält. Irgendwer, der erkennt, wer Übles im Schilde führt und wer die Hand der Prinzessin verdient hat.

»Mann: ein notwendiges Übel, wobei die Betonung mehr auf Übel als auf notwendig liegt.«
Yvette Collins

Weil Männer uns das
Fahrradfahren beibringen

Ich muss zugeben, dass dieser Grund vielleicht nicht auf alle Menschen zutrifft. Aber bei mir war es so. Ein Mann, ein älterer Freund, hat mir das Fahrradfahren beigebracht. Ich konnte noch immer nicht Rad fahren, hatte es nicht einmal ernsthaft ausprobiert, als es eigentlich schon viel zu spät war. Meine Unfähigkeit wäre aber ganz gewiss beim Verkehrsunterricht mit den lustigen Polizisten auf dem Schulhof aufgefallen, ein absoluter Super-GAU für mein Ansehen bedrohte mich. Da war ja schließlich auch mein Schwarm aus der Klasse dabei, der mein Versagen garantiert mitbekommen hätte.

Also erklärte sich Kristoff, ein Freund meines großen Bruders, bereit, nachmittags mit mir zu üben. Zum Glück war Kristoff so groß, dass er bequem auf dem Gepäckträger des Fahrrads seiner Schwester sitzen und mitlaufen konnte, als ich langsam und wacklig vor mich hin strampelte. Als er mich losließ, bin ich zwar zunächst umgefallen, wobei ich einen Teil des Bremshebels abbrach, aber irgendwann konnte ich es dann schließlich doch. Fahren, Kurven, Klingeln und Bremsen, das volle Programm, das auf einem 26er Drei-Gang-Rad in Lila möglich war. Erst bei wackligen Runden auf dem Schulhof und später auch draußen in der freien Wildbahn. Kristoff hat es sogar übernommen, seine kleine Schwester zu besänftigen, die erst mal über den Schaden an ihrem Rad angefressen war. Er gab mir das Full-Service-Paket. So war ich gut vorbereitet, als ich an der furchtbaren

Schulhof-Radlerei mit der ganzen Klasse teilnehmen musste, bei der man von wahrscheinlich strafversetzten Polizei-
beamten darin unterrichtet wurde, wie man sicher am Stra-
ßenverkehr teilnimmt. Auf gelb aufgezeichneten Straßen
auf dem Hof für die Grundschüler. Obwohl ich dabei fast
hinfiel. Da hatte ich mich wohl zu heftig nach meinem
Schwarm umgedreht, der an anderer Stelle Teil einer Fahr-
rad-Polonaise war. Aber er hat sich später meinen auf-
geschürften Ellenbogen angesehen. Viel näher konnte man
sich zu solchen Zeiten ja noch nicht kommen. Insofern hatte
sich das schon gelohnt. Und dafür werde ich dem langen
Kristoff für immer dankbar sein.

»*Der echte Schüler lernt aus dem Bekannten
das Unbekannte entwickeln und nähert sich dem Meister.*«
JOHANN WOLFGANG VON GOETHE

Weil Männer es kaum ertragen,
wenn wir weinen

Tränen wirken Wunder, bei Männern genauso wie bei Frauen. Da werden fiese Gegner plötzlich von dem Gefühl beflügelt, sich intensiv um die leidende Person kümmern zu müssen. Aber in jedem Fall dazu, die Waffen noch mal einzufahren und auf einer ganz anderen, einer viel sanfteren Ebene weiterzumachen. Es soll ja Frauen geben, die Tränen ganz gezielt einsetzen, um sich bei Männern durchzusetzen. Und eigentlich ist das verständlich, denn diese Methode ist einfach zu erfolgreich und zu simpel, um sie sich immer und auch in den härtesten Fällen zu verkneifen. Aber dennoch sollte sie nicht inflationär eingesetzt werden. Obwohl Männer auch bei einer hohen Frequenz noch nicht einmal abzustumpfen scheinen und immer wieder aufs Neue von Frauentränen ergriffen sind.

Männer können es nicht ertragen, wenn Frauen weinen. So verpufft jede Wut selbst im schlimmsten Streit im Bruchteil einer Sekunde, wenn er auch nur eine einzige kleine Träne sieht, die langsam an ihrer Wange herunterläuft. Dann erkennt er, dass sie nicht böse und gemein ist, sondern dass sie zart und verletzlich ist und eigentlich von ihm beschützt und nicht bekämpft werden müsste.

Natürlich will ich nicht behaupten, dass Tränen *immer* strategisch eingesetzt werden. Ich zum Beispiel weine tatsächlich nur, wenn ich tief traurig und gerührt bin, ganz spontan. Trotzdem habe ich mich schon oft darüber gewundert, was dann mit einem Mann passiert, wenn da gerade einer in der Nähe ist. Da fließt Mitgefühl in Strömen und wenn er Sekunden vorher lieber auf mich losgegangen wäre, will er mir nun plötzlich die Tränen aus dem Gesicht streichen oder von der Nase küssen. Und mich ganz fest in die Arme nehmen.

Auch in anderen Situationen bewirken Tränen Wunder. Irgendwie beziehen Männer Tränen meist gleich auf sich, selbst dann, wenn sie eigentlich nichts mit ihnen zu tun haben. Sie fühlen sich sofort schuldig und wollen es – was auch immer es ist – wiedergutmachen. Ich finde es jedes Mal ungemein sympathisch, dass sie unsere Schwäche nicht egoistisch ausnutzen, sondern uns einfach männlich stark trösten wollen.

»Die Trauer eines Menschen lässt sich besser
aus seinen Tränen erschließen als aus seinen Worten.«
Lü Bu We

Weil Männer uns den Hintern versohlen

Glücklicherweise wird heutzutage der Klaps auf den Po nicht mehr als legitimes Mittel der Kindererziehung angesehen. Ein wahnsinniger Fortschritt, wenn man bedenkt, dass es noch gar nicht so lange her ist, als sich kein Vater dafür schämen musste, dass er mit körperlicher Gewalt für Zucht und Ordnung sorgte und arme heulende Kinder windelweich prügelte. Von den Frauen ganz zu schweigen. Heute kommt da die Super-Nanny oder zumindest Olli Geissen oder eine rundliche Psychologin. Und die finden dann heraus, dass hinter dem Geschlage ein schlimmer Minderwertigkeitskomplex samt unterdrückter Wut steckt, der feige an Schwächeren ausgelassen wird. Nicht besonders gesund.

Als gesündere Variante gibt es *Spanking* für Erwachsene als lustvolle sexuelle Spielart. Und mal abgesehen von denen, die sich durch Rollenspiele in ihre Kindheit zurückversetzen und sich mit Riesen-Windeln, Puder und Baby-Öl vergnügen, bevor sie sich den Hintern ausklopfen lassen, haben es eine Menge Männer gern, wenn sie den einen oder anderen leidenschaftlichen Klaps auf das angebetete Hinterteil ihrer Gespielin geben können. Das Geräusch, das Wackeln der Arschbacken, der expressive Ausdruck von Leidenschaft scheint sie anzutörnen. Und uns auch. Zumindest viele von uns. Aktiv und passiv. Solange es im Rahmen bleibt selbstverständlich.

Ich werde nie den Mann vergessen, bei dem das nicht wie ein aus schlechten Filmen abgeguckter Gimmick wirkte, sondern wie ein stimmiger – und absolut rhythmischer –

Teil eines sehr leidenschaftlichen Erlebnisses. Dieser Mann war sichtlich von meinem Hintern begeistert und beförderte mich in ungekannte Höhen. Und sich selbst auch. Und das ist der einzige Grund, warum ich gerne an ihn zurückdenke und ihn in manchen Momenten sogar vermisse, wenn sich aktuell keiner an meinen Hintern traut, obwohl der ganz bestimmt nicht beißt. Aber leider hat das nie wieder jemand so hingekriegt. Denn nur wenn's authentisch ist und passt, ist es toll. *Give it to me, Daddy!*

»Es ist befreiend zu erfahren,
dass man nicht das einzige Ferkel auf der Welt ist.«
LILO WANDERS

Weil Männer gern den Sugar-Daddy spielen

Männer fühlen sich ganz groß, wenn sie all ihre Kohle für Frauen ausgeben. Sehr mächtig und wohl auch richtig männlich. Sogar, wenn dafür keine Gegenleistung ansteht. Richtig deutlich wurde mir diese Tatsache, als ich von einer neuen männlichen Bar-Bekanntschaft dazu überredet wurde, nach einem Club-Abend nicht gleich nach Hause zu gehen, sondern weiterzuziehen. Meine Freundin und ich wollten ihn halbherzig mit »Wir haben kein Geld mehr dabei« abwimmeln, woraufhin der Spruch des Abends geboren war. »Papa hat Geld«, sagte unser neuer Begleiter immer wieder, als er uns erst mit dem Taxi in eine entfernte Bar kutschierte und uns dann den ganzen Abend über mit Drinks versorgte. Die Nacht wurde tatsächlich lang und zog ernste Folgen nach sich. Ernst ist jetzt sechs Jahre alt ...

Nein, ganz so weit kam es dann doch nicht. Aber es war unserem Gönner deutlich anzumerken, dass er sich in der Rolle des Versorgers ohne jede Begrenzung unendlich wohl fühlte. Reich, männlich und stark. Er genoss es, all seine Mittel rauszuhauen. Er genoss es, sich wie ein Mac zu fühlen und sinnlos Geld zu verprassen. Abgesehen von unserer Gesellschaft an diesem Abend hat er noch nicht einmal eine Gegenleistung erhalten, aber das schien ihm nichts auszumachen. Er war für einen Abend der Macher und das genügte ihm.

Ich muss zugeben, dass jene Männer, die bei ihren Werbeversuchen vehement darauf beharrten, mir jeden Wunsch von den Augen ablesen zu wollen, mich zumindest in eine

Millisekunde der Versuchung versetzten. Danach wurden sie trotzdem abgewimmelt. Mit Geld kann man sich vergnügen, aber keine Herzen kaufen. Manchmal habe ich mich allerdings darüber geärgert, dass ich nicht einfach mal so ein Angebot angenommen habe. Andere Frauen kriegen das ja auch hin und bei denen sieht dann alles so viel einfacher aus. Aber zumindest in meinem Fall sind ein großer offener Geldbeutel und eine große Anziehungskraft bei Männern nie zusammengekommen. Schade eigentlich.

»Es gibt nur wenige, die man mit Geld nicht kaufen kann,
aber sie sind entscheidend.«
GERHARD KOCHER

KAPITEL FÜNF

ENTERTAINER

»Geistvolle Menschen sind fast ebenso eintönig
in der Unterhaltung wie Dummköpfe.«
BENJAMIN CONSTANT

Weil Männer gerne schlechte Witze erzählen

Zum Heldendasein gehört es, dass man Entertainment-Qualitäten besitzt. Schließlich braucht ein Held viel Aufmerksamkeit und dazu noch mehr Applaus. Und das geht nicht immer nur mit der coolen Macho-Nummer. Ab und an braucht es da auch andere Talente. Und wenn man die Lacher auf seiner Seite hat, lassen die Herzen oft nicht lange auf sich warten. Doch da vielen der Unterhaltungswert nicht in die Wiege gelegt wurde, bereiten sie sich gerne auf diese Aufgabe vor.

Zum Beispiel, indem sie Witze auswendig lernen. Oftmals einfach die von den tollen Comedians aus dem Fernsehen. Aber diese Imitations-Nummer haben nur erschreckend wenige drauf. Und dass nicht jeder Witz in jedes Umfeld passt, fällt leider auch nicht jedem gleich auf. Dass manche Witze nur unter angetrunkenen Kumpels funktionieren ebenfalls nicht. Oder nicht rechtzeitig. Und schwups ist es zu spät und ein paar angewiderte Augenpaare drehen sich nach dem um, der in einer förmlichen Runde von einer »ausgeleierten Möse« erzählt hat und dabei dümmlich grinst. So endet eine Witz-Runde nicht selten mit hochgezogenen Augenbrauen oder einem betretenen Räuspern, statt mit schallendem Gelächter und Sympathie-Punkten. Um die Situation zu retten, wird dann oft gerne noch einer draufgesetzt, bis es richtig ausartet.

Aber die Hauptsache ist ja, dass wenigstens einer Spaß hat. Und das ist dann oft der Mutige, der den Witz erzählt. Der kann bei »Treffen sich zwei, kommt einer nicht« so lange kichern, bis er rot anläuft und sich die eigenen Oberschenkel komplett wund geklopft hat. Und wenn er sich dann von seinem Anfall erholt und die Augen öffnet, erkennt er vielleicht, dass er der Einzige ist, der sich amüsiert. Aber Hut ab vor den Männern, die sich nicht von solchen Fehlschlägen abschrecken lassen und immer wieder erneut das Risiko eingehen, auch mal einen schlechten Witz zu erzählen.

»Der Witz setzt immer ein Publikum voraus.
Darum kann man den Witz auch nicht bei sich behalten.
Für sich allein ist man nicht witzig.«
Johann Wolfgang von Goethe

Grund Nr. 46

Weil Männer unglaubliche Tänzer sind

Vielen Männern fällt es ja schwer, mehr zu tun als nur schweigend und cool am Rand einer Tanzfläche zu stehen. Die Gefahr, uncool zu sein, lauert schließlich überall. Und natürlich kann man von dort viel besser die Lage checken und ganz entspannt Frauen beobachten. Also beschränkt sich der eigene Einsatz, wenn es die harten Kerle wirklich packt, darauf, vielleicht ein klein wenig mit dem Kopf zu nicken oder einen Fuß wippen zu lassen.

Doch bei denen, die sich auf den Dancefloor trauen, gibt es oft kein Halten mehr. Da wird exzessiv gesprungen, das »Tanzgesicht« wird aufgesetzt, da werden die immer gleichen Bewegungen bis zur Ekstase wiederholt. Vielleicht stammen diese Bewegungen aus dem einen Tanzkurs, zu dem eine Frau ihn mal überredet hat. Der soll sich ja irgendwann auch mal auszahlen. Hat ja wahrscheinlich genug Zeit, Geld und Nerven gekostet.

Und bei der Tanz-Performance im Club geht es dann Schlag auf Schlag durch die Routine, die oftmals den Zweck hat, Frauen von der eigenen Gelenkigkeit zu überzeugen. Nach einer kleinen Eintanzsequenz setzt die Phase der Kontaktaufnahme ein. Hierbei wird die Hüfte in Richtung Frau geschoben und die Bewegungen, die unter deutschen Eingeborenen leider oft nicht gerade rhythmisch rüberkommen, werden immer heftiger, der Blick wird fordernder, das Tanzgesicht entwickelt sich zum »Nimm mich, ich bin so heiß«-Gesicht, das oftmals ziemlich einschüchternd wirkt und zur Flucht des vermeintlichen Opfers führt. In diesem Balzritual soll die Frau der Wahl richtig scharf gemacht werden. So dass sie sich nicht mehr wehrt, wenn er immer näher an sie ranrückt und irgendwann, »schwups«, seine Hände an ihrem Körper landen. Wenn sie genug getrunken hat, stehen die Chancen vielleicht gar nicht so schlecht …

Professionelle oder richtig gute Tänzer haben dagegen auch bei nüchternen Frauen große Chancen. Wenn sie sich zur Musik sinnlich und voller Power bewegen, passiert es fast zwangsläufig, dass wir uns die energischen Bewegungen auch in anderen Situationen vorstellen. Und wenn sich dann herausstellt, dass er hetero ist, spielt es noch nicht mal eine große Rolle, was er sonst noch hat und kann, er wird ganz schnell zum begehrten Sexobjekt.

»Für viele Männer ist der Tanz eine Daseinsform;
sie meinen, durch die Entfaltung der Geschmeidigkeit
des Körpers könnten sie auf das Herz der Frauen
kräftiger wirken als durch den Geist.«
HONORÉ DE BALZAC

Weil Männer Ausreden parat haben, über die man nur lachen kann

Kreativität ist ja eine dieser wunderbaren Eigenschaften, die eher den wunderbaren Frauen zugeordnet werden als den Prinzen. Trotzdem haben auch Männer die Fähigkeit, wilde Geschichten zu erfinden. Vor allem, wenn es darum geht, irgendwelche Ungereimtheiten zu erklären oder sich aus einer Affäre zu ziehen. Meine Freundinnen und ich haben jedenfalls bisher ausgesprochen kreative Ausreden zu hören bekommen, wenn die Begebenheiten es für die Männer erforderlich machten.

Ein klassischer Moment ist der, in dem sie sich von ihm verabschieden will, er aber am liebsten noch mitkommen würde. Mit zu ihr nach Hause. Vielleicht, oder angeblich, auch nur auf eine Tasse Tee oder ein Glas Wein. Weil wir Frauen aus Erfahrung wissen, dass es bei solchen Ansagen tendenziell nie bleibt, bringen wir uns erst gar nicht in die Situation, in der wir jemanden wieder rausschmeißen müssten.

Also servieren wir die Männer vor der Haustür ab oder lassen uns ganz einfach nicht nach Hause bringen. Aber das will nicht jeder Mann mit sich machen lassen. Folglich kommen sie mit komischen Geschichten daher. Meine Freundinnen und ich haben zum Beispiel schon Folgendes gehört:

• »Ich kann jetzt nicht in meine Wohnung, meine Schwester hat da heute ein Gespräch mit ihrem Freund, die brauchen die Wohnung für sich.«

- »Ich kann heute nicht zu mir, meine Cousine ist zu Besuch und sie hat den Schlüssel und jetzt erreiche ich sie nicht.«

- »Bei mir gab es einen Wasserschaden, ich kann da heute nicht rein.«

Manchmal ist auch die Heizung kaputt oder sonst etwas passiert, weswegen er ganz dringend mit zu ihr muss. Ein wichtiger Telefonanruf geht ja in Zeiten des Mobiltelefons nicht mehr als Begründung durch. Ich wurde auch tatsächlich schon einmal von einem mir bis zu diesem Tag unbekannten Mann bis zu meiner Haustür begleitet, der angeblich bei mir um die Ecke wohnte. Als ich ihn verabschieden wollte und er hartnäckig mit mir darüber diskutierte, warum er denn jetzt mit hochkommen müsste, beichtete er irgendwann, dass er in einem ganz anderen Stadtteil wohnte. Ich fand das zum Kotzen und knallte ihm die Tür ins Gesicht.

Am einfallsreichsten sind Männer, wenn sie Gründe dafür präsentieren wollen, dass es zwischen ihm und ihr nichts werden kann. Eine Freundin von mir erhielt mal folgende Textnachricht: »Ich bin ein bisschen abergläubisch und deswegen ist das mit uns wahrscheinlich keine so gute Idee.« Ich muss allerdings zugeben, dass dieser abergläubische Mann vorher durch die Sprosse einer Leiter auf dem Weg zu ihrem Hochbett gekracht und schlimm gestürzt war. Insofern war das mit dem schlechten Omen gar nicht so weit hergeholt. Vielleicht hat dieser Sturz letztendlich auch *sie* vor schlimmeren Folgen bewahrt.

»Große Fehler haben große Ausreden.«
Erhard H. Bellermann

Weil Männer nicht müde werden, »Ich weiß nicht, wie das geht« zu spielen

Auf der einen Seite tun Männer ja gerne so, als könnten sie einfach alles. Autos reparieren, sich in fremden Städten und Ländern orientieren, trinken bis zum Umfallen und die wichtigsten Fußball-Ergebnisse auswendig aufsagen. Nichts scheint unmöglich, der Mann regelt das schon, Baby.

Doch dann gibt es auch noch Bereiche, in denen Mann die totale Hilflosigkeit kultiviert oder zumindest hartnäckig und unbeirrt vorspielt. Wenn es darum geht, den Boden zu wischen, den Ofen zu reinigen oder einen Knopf anzunähen, oder auch nur eine Waschmaschine zu bedienen. Der unbesiegbare Held hat dann doch oft keine Ahnung von gar nichts und braucht ganz dringend eine Frau, die ihn aus seiner Unfähigkeit rettet. Die ihm erst versucht zu zeigen, wie es geht, und die Aufgabe, nachdem er sich noch ein bisschen dämlich angestellt hat, doch selbst übernimmt, damit er sich um etwas Wichtigeres kümmern kann. Um die Rettung der Welt zum Beispiel. Oder um das Erreichen des nächsten Levels bei »Counter Strike«.

Schade ist es nur, wenn diese Rolle auf andere Bereiche überschlägt. Aufs Bett zum Beispiel, wo er auch so viel Angst vor dem eigenen Versagen bei der Befriedigung seiner Frau hat, dass er es mit dem Versuchen einfach mal bleiben lässt. Soll sie doch selbst übernehmen, sie weiß ja am besten, wie's funktioniert. Das stimmt zwar, aber mit ein bisschen Unterstützung macht es ja schon etwas mehr Spaß. Das wissen die Prinzen ja auch aus eigener Erfahrung und wollen nicht nur mit ihrer Rechten intime Zeiten verbringen. Also tun wir gut daran, sie nicht damit durchkommen zu lassen. Wobei wir uns darauf einstellen können, dass sie es weiter versuchen werden. Irgendwie ja auch beruhigend, dass manche Dinge sich nicht verändern.

»*Männern geht es mit der Klitoris wie mit der Waschmaschine.*
Sie wissen zwar, wo sie steht, aber nicht, wie man sie bedient.
Es gibt zwei schlimme Momente im Leben einer Frau.
Der erste ist, wo die Frau merkt, dass ihr Mann nicht weiß,
wo die Klitoris ist. Und der zweite, wenn er es begriffen hat
und daran rumarbeitet wie ein Geisteskranker.«
OSWALT KOLLE

Weil Männer ihre Körperfunktionen so amüsant finden

Schon kleine Jungs lachen sich darüber kaputt, wenn ihnen ein kleines oder größeres Windchen entweicht. Je lauter, desto besser. Und wenn es dann noch richtig übel riecht, kriegen sie sich oft gar nicht mehr ein. Ist ja auch so lustig, so ein Pups. Rülpsen ist auch lustig, aber nicht so sehr wie das, was da krachend und mit Nachwirkungen für die eigentlich unbeteiligte Umwelt aus dem Hintern kommt.

Die Freunde meines Bruders haben als Halbstarke versucht, ihre Bläh-Ergüsse anzuzünden und andere kreative Spielereien damit anzustellen. Aber die haben ja auch Wettbewerbe veranstaltet, bei denen es ums längste oder kunstvollste Rülpsen ging. Und darum, wer die ekligste Spucke produzieren kann.

Manche Männer verlassen dieses kindliche Stadium nie. Betrachten es als ihr von der Natur gegebenes Recht, einen Karacho-Furz entweichen zu lassen. Ob in größerer Gesellschaft oder so halb-diskret unter der Bettdecke. Das ist dann natürlich echt angenehm, wenn Frau diese Decke anhebt oder sie einfach mal über den Kopf zieht. Während einige Männer sich dieses Recht einfach herausnehmen und das nicht weiter kommentieren, geben andere noch lauthals damit an: »Meine Fürze stinken viel mehr als alle anderen!« Mich schockiert so etwas einerseits, weil ich mit einem Maß an Höflichkeit aufgewachsen bin, das mich zwingt, anderen meine Körpervorgänge zum einen nicht aufzuzwingen und zum anderen höchstens mit einem »Entschuldigung« zu versehen, falls doch etwas irgendwo vernehmbar wird. Alles andere wäre in meiner kleinen Welt der Gipfel von Ekel und Abartigkeit.

Aber es gibt sogar Männer, die ihr Leben als Kunstfurzer verbracht haben. So schafften sie es dann sogar mit einer Show ins Pariser Moulin Rouge und präsentierten Melodien und Geräusch-Imitationen direkt aus dem Arsch. Von weiblichen Kunstfurzerinnen habe ich dagegen noch nie etwas gehört. Da sind uns die Männer echt voraus. Muss man ja auch mal zugeben können.

»Uns ekelt vor unserem Jahrhundert,
und doch gehören wir zu ihm.«
BENJAMIN CONSTANT

Weil Männer über
Chuck-Norris-Witze lachen können

Humor gehört neben Treue zu den von Frauen am meisten gewünschten Eigenschaften bei Männern. Sie sollen lachen können und das am besten auch noch über sich selbst. Am Ende haben wir dann einen, der sich scheckig lacht, wenn jemand etwas erzählt wie: »Wenn Chuck Norris ins Meer springt, wird Chuck Norris nicht nass, sondern das Wasser wird Chuck Norris.« Genau, total lustig. Oder »Chuck Norris liest keine Bücher. Er starrt sie so lange an, bis sie ihm freiwillig sagen, was drin steht.« Auch total witzig. Fast schon zum Piepen. Aber eben nur *fast*.

Und dann sind die Männer plötzlich wie besessen. Verwandeln sich in alberne kleine Jungs. Schicken sich gegenseitig die neuesten Fundstücke aus der Reihe »Chuck Norris, der Superheld« per Messenger oder E-Mail. Oder sie erzählen sich die ach so lustigen Witzchen bei Partys gegenseitig. Und haben damit ein Thema gefunden, dem sie sich stundenlang widmen können. Und wenn die Party vorbei ist, erzählen sie uns alles. Jeden einzelnen dieser blöden, gar nicht witzigen Witze. Und dann sollten wir besser lachen oder sogar selbst einen auf Lager haben, um das arme fröhliche Männer-Ego nicht zu verletzen. Zum Beispiel: »Atlantis ist nicht versunken. Es versteckt sich nur vor Chuck Norris.«

Ab und an muss Frau eben über ihren Schatten springen. Und womöglich sogar mitlachen. Und dann kommt sie vielleicht sogar in den Witzen vor, als die Frau an der Seite von Chuck Norris. Oder seine Schwester. Oder sogar seine Mutter. Eine größere Ehre könnte es ja kaum geben. Und wenn es so einfach ist, den Jungs eine Freude zu machen, sollten wir dafür echt dankbar sein. Wie ich gehört habe, haben sie es mit uns nämlich nicht immer so leicht.

» Witze zu erzählen und zu verstehen ist für mich auch ein Zeichen von Intelligenz und Kultur.«
VURAL ÖGER

Weil Männer sich sogar in Elefanten-Tangas verpacken, weil sie denken, das wäre sexy

Männer sind in ihrer neuen Geschlechterrolle tief verunsichert. Es reicht einfach nicht mehr, cool in der Ecke zu stehen und Befehle zu erteilen, nur weil sie die Hosen anhaben. Das tun wir ja schließlich auch. Und dürfen dazu sogar noch Röcke und Kleider tragen. Und Makeup und Haarteile.

Männer dagegen wissen weder, was sie dürfen, noch was sie sollen. Sie wissen, dass Frauen eigene Ziele verfolgen und sie nicht mehr als Ernährer und Entscheider brauchen. Also sind die alten Vorgaben überflüssig, die für ihre Großväter noch ganz eindeutig waren. Und gleichzeitig sind da jetzt plötzlich all die neuen Ansprüche, die moderne Männer zu erfüllen haben. Sie sollen nicht nur über ihre Gefühle reden, sie sollen auch noch sexy sein. Eine Frau nicht nehmen, weil sie stärker sind, sondern sie verführen, damit sie Lust hat, ihn zu nehmen.

Aber wer erklärt den armen Männern, wie sexy sein für sie funktioniert? Ihre Väter wahrscheinlich eher nicht. Weil Männer zu sehr unter dem Druck stehen, stark sein zu müssen, trauen sie sich nicht, bei den Frauen nachzufragen. Also bleibt vielen (denen, die keine coole Schwester haben) nur der Pornofilm als Vorbild. Dass die im Normalfall nur die längst veralteten Männerfantasien zeigen, in denen alles wie von selbst läuft und alle Frauen willig auf ihren Einsatz warten, spielt da nicht so eine große Rolle. Und dann kommt im wahren Leben bei all der Verwirrung und den widersprüchlichen Messages so was wie ein Mann in einem Elefantenrüssel-Tanga dabei raus. Und weil wir dann nicht anders können als lachen, traut er sich in Zukunft gar nichts mehr. Oder versucht etwas noch Abstruseres. Also lieber loben als lachen, schließlich machen sie es ja für uns und sind in diesen Punkten sehr verletzlich.

Oder wir sollten in entspannten Momenten mal den einen oder anderen Tipp fallen lassen beziehungsweise, noch besser, einfach mal zeigen, wie es funktionieren kann – den Weg und den Effekt. Dann wirkt es nicht wie eine Anweisung, sondern wie eine Erleuchtung. Und wenn er auch noch das Gefühl kriegt, er hätte es selbst herausgefunden, kann gar nichts mehr schiefgehen. Dann kann er wieder der Held sein, der mutig voranschreitet.

»*Frauen haben nach wie vor Angst, Männern zu sagen: ›Du, ich will es einmal anders.‹ Weil die Männer mit ihrem Affenhirn, das sie in dieser Hinsicht leider noch immer haben, sofort beleidigt sind. Nach dem Motto: ›Wie, war ich nicht gut?‹*«
OSWALT KOLLE

Weil Männer zur Hochform auflaufen, wenn ihre Partnerin in der Nähe ist

Es ist für mich bei Partys ein Riesenspaß zu beobachten, wie sich das Verhalten von Männern innerhalb von Sekundenbruchteilen komplett verändern kann. Es gibt die eine Variante, wild und witzig, die charmant und flirtend in der Küche steht und locker seichte Sprüche loslässt, dreckige Witze erzählt und richtig viel Spaß hat, flirtet und vielleicht auch ein bisschen zu anzüglich ist. Und davon gibt es plötzlich eine kastrierte Version, wenn seine Freundin in den Raum gekommen ist. Dann ist er höflich, hält und streichelt Händchen, steht gerade und könnte kein Wässerchen mehr trüben. Die verwegene Seite wird erst sichtbar, wenn die Freundin wieder draußen ist. Wenn er nicht mitgehen und die nächsten Stunden als Pärchen verbringen muss, statt als Individuum. Witzig ist aber vor allem, dass beide Varianten des gleichen Mannes komplett glaubwürdig wirken. Müsste man entscheiden, welche davon gespielt ist, würde das sehr schwierig werden.

Aber auch bei anderen Gelegenheiten verändert sich das Männerverhalten überraschend, wenn die Angebetete auftaucht. Da wird der schweigende Zuhörer plötzlich zum Helden der Runde, bietet seine Hilfe und sein Know-how an oder erklärt, wie man am besten die Welt retten könnte und was er vorhat, um das zu tun.

Wann immer ich mit Künstlern liiert war (was ganz zufällig mehrheitlich der Fall war), liefen die auf der Bühne zur Höchstform auf, sobald sie mich im Publikum sahen.

Ein Extra an Einsatz ist dann einfach Ehrensache. Und bedeutet nichts anderes, als dass er zeigen will, dass er ihrer Zuneigung wert ist. Und dass er sich anstrengt, damit sie so stolz auf ihn sein kann, wie er auf sie ist. Ein wunderbarer Liebesbeweis. Und ein sehr effektiver Ansporn.

» Welch Schauspiel! aber ach! ein Schauspiel nur!«
JOHANN WOLFGANG VON GOETHE

Weil Männer großartig
über ihre Fehltritte singen können

Ich stehe total auf große Liebeserklärungen, romantische Überraschungsaktionen und träume davon, irgendwann mal den ultimativen Heiratsantrag zu bekommen. Einen, der besser und spezieller ist als der in dem ausgeklügeltsten Hollywood-Spielfilm. Da versteckt sich eben doch 'ne kleine Prinzessin in meiner Powerfrauen-Schale. Von Männern selbst geschriebene Songs und Gedichte finde ich auch toll, gerade, wenn da richtig viel Gefühl drinsteckt. Würde ein Partner seine Liebe zu mir vor großem Publikum heraussingen, ich würde einfach nur dahinschmelzen und könnte mich wohl kaum noch wehren.

Männer singen allerdings nicht nur über ihre großen Lieben und die Sehnsucht nach der Angebeteten, sondern immer wieder auch über ihre Fehltritte. Und so hat die Welt wenigstens irgendwie ein bisschen was davon. Eine kleine Wiedergutmachung, wenn er schon das eine oder andere Herz verletzt hat. Der Sänger Max Herre zum Beispiel hat in »Mit dir«, einem wunderschönen Song, von einem Fehltritt geschrieben. Er erzählt von der Frau, mit der er seine damalige Freundin betrogen hat. Bei den Dreharbeiten zum Video verknallte er sich dann in Joy Denalane, die er später heiratete und mit der er weitere Kinder bekam. Davon, wie er Joy mit seiner früheren großen Liebe Anna betrügt, erzählt er in »Anna '04«: »Dein Kopf sagt dir bleib, doch dein Herz weiß, du wirst gehen.« Und in einem Feature von einem John-Legend-Song steuert er ein paar weitere Erlebnisse bei und will seiner Liebsten, noch immer Joy Denalane, sagen, dass sie doch die Nummer eins bleibt, egal wie viel er sonst rumvögelt: »Es tut mir leid, wie es dich verletzt, es war nichts als Sex.« Herzallerliebst. Und trotzdem sind die Songs wunderschön. Lassen den umtriebigen Max nicht wie einen Arsch, sondern wie einen großen Romantiker dastehen.

Aber wenigstens haben mittlerweile auch Frauen aus Fremdgängerinnen-Perspektive nachgelegt. Wie Amy Winehouse mit »I heard Love is Blind«, wo sie sagt: »I couldn't resist him, his eyes were like yours.« Und: »Why are you upset, you weren't even there. And I was thinking of you when I came.« Und auch, wenn die liebe Amy ganz andere Probleme hat, ist das wohl ein kleiner Fortschritt. Die Mädels singen also nicht mehr nur aus der Perspektive der Geliebten (wie Whitney Houston in »Saving All My Love« oder Annett Louisan in »Das Spiel«) oder der Betrogenen, sondern aus der Riege der Bad Girls, die gemein zurückschlagen und sich nehmen, was sie wollen. Aber eigentlich sollten wir uns schon fragen, ob wir den Männern in allen Belangen nacheifern möchten. Denn die Songs, in denen die eine, einzige und ewige Liebe gestanden wird, sind einfach doch die schönsten. Und davon darf es ruhig noch viel mehr geben.

»Manch einer, der vor der Versuchung flieht,
hofft doch heimlich, dass sie ihn einholt.«
Giovanni Guareschi

Weil Männer eine Plattensammlung zum Vorführen haben

Da Männer nicht so genau wissen, was uns an ihnen selbst begeistern könnte, brauchen sie manchmal bestimmte Gadgets, die sie uns präsentieren können. So gibt es für sie stets ein banales Thema, über das sie lange erzählen können, wenn ihnen nichts Besseres einfällt oder sie Angst davor haben, dass es zu persönlich werden könnte. Gleichzeitig haben sie immer auch einen Vorwand parat, mit dem sie unser Interesse für sich wecken möchten. Und uns vielleicht sogar in ihre Wohnung locken wollen. Da schiebt man dann gerne etwas vor: Plattensammlung, Briefmarken, Action-Figuren oder Foto-Linsen. Irgendeinen Mist, der gar nicht interessiert, bei dem er sich aber als wahrer Experte zeigen kann.

Manchmal auch eine ganz sinnvolle Methode, schließlich kann er sich mit einem Vorschlag wie »Wenn du mal bei mir vorbeikommst, spiel ich dir ein paar von meinen neuen Songs vor« vorsichtig an sie herantasten, ohne dass es zu peinlich und schmerzhaft wird, wenn sie nicht sofort darauf eingeht. Und wenn sie es sich doch überlegt hat, kann sie irgendwann mit dem bewusst versteckten Subtext »Ja, ich will dir näherkommen« antworten, indem sie ankündigt, nun doch endlich mal seine Songs hören zu wollen. Ist auch ein praktisches Hintertürchen für sie. Denn sollte er es sich mittlerweile anders überlegt haben, kann er auf die Song-Anfrage so antworten, dass sie ihr Gesicht nicht verliert.

So ist die Plattensammlung nur ein Code, den sie verstehen kann, wenn sie will, oder ignoriert und wörtlich nimmt, wenn sie nicht will. Also eigentlich ein ganz gutes Angebot der Männer. Zumindest, wenn sie irgendwann den Übergang schaffen und nicht nur ihre Sammlung vorführen, sondern sich auch in uns einfühlen.

»*Auch eine schwere Tür hat nur einen kleinen Schlüssel nötig.*«
CHARLES DICKENS

Weil Männer ihre wilde Seite
im richtigen Moment zeigen

In vielen Momenten mögen wir die Männer ja zivilisiert. Vor allem in der Öffentlichkeit. Bei Familienbesuchen, Klassentreffen und geschäftlichen Meetings zum Beispiel. Da wollen wir sie höflich, zuvorkommend, sanft und hilfsbereit haben und stolz darauf sein, dass wir uns nicht mit einem Rüpel präsentieren müssen. Und in der kuschelig trauten Zweisamkeit, wenn die starken und gleichzeitig sanften Männer uns das Frühstück ans Bett bringen, uns mit einer liebevollen Massage verwöhnen und uns nette Dinge ins Ohr säuseln. Ach ja, wie schön und wie romantisch und wie kuschelig.

Aber dann gibt es auch Zeiten, da sollen sie gar nicht ins Bett kommen und erst recht nichts dahinbringen, keine Zeit mit langsamem Gefummel verlieren und lieber etwas richtig Dreckiges sagen. Und tun. Überall, bloß nicht im Bett. Den Männern, die diese Momente voneinander unterscheiden können, widme ich diesen Grund. Und zum Glück weiß ich aus eigener Erfahrung, dass es diese Männer gibt. Die Helden, die beides draufhaben. Das Greifen und Knurren, genauso wie das Streicheln und Schnurren. Die, die ihre wilden Haare so verpacken können, dass sie auch im Anzug gut aussehen. Und, was viel wichtiger ist, die unterscheiden können, wann welches Verhalten angebracht ist.

Die man seinen Eltern und Vorgesetzten vorstellen kann, mit denen man aber auch Dinge erlebt, von denen besser niemand etwas erfährt. Die auch ganz freiwillig Verantwortung übernehmen, aber den richtigen Moment erwischen, um zügellos und verrückt zu sein und alle Bedenken über Bord zu werfen. *Welcome to the wild side!*

»Die meisten Männer, die Kluges über die Frauen gesagt haben, waren schlechte Liebhaber. Die großen Praktiker reden nicht, sondern handeln.«
JEANNE MOREAU

KAPITEL SECHS

BODY

»Der Körper kann viel,
aber der Geist kann nur blöd schauen.«
ALF POIER

Weil Männer starke Hände und breite Schultern haben

Manchmal fällt ja auch eine Powerfrau in einen Zustand zurück, in dem sie gerne einfach nur beschützt werden will. Sie möchte sich fallen lassen und hofft darauf, dass jemand anders die Banditen in die Flucht schlägt, sie nebenbei umarmt und sagt: »Mach dir keine Sorgen, Kleines, ich pass auf dich auf.« So ein Frauenleben ist nämlich ganz schön stressig. Manchmal will Frau ein bisschen Verantwortung abgeben. Und dann kommt es ganz gelegen, dass Männer in den meisten Fällen etwas breitere Schultern haben. Mit Glück sogar viel breitere Schultern. Und wenn dann noch die starken Hände dazukommen, kann fast nichts mehr schiefgehen.

Ich erinnere mich noch an ein Zusammentreffen mit Spielern aus der Basketball-Bundesliga. Ich saß mit einer Freundin tagsüber draußen an der Binnenalster auf den Barhockern des Café Cius. Zwei attraktive Männer liefen an uns vorbei und kehrten nach einem freundlichen Blickkontakt wieder um. Sie setzten sich zu uns und tranken mit uns Kaffee. Und als wir dann alle wieder aufbrechen wollten und ich von meinem hohen Barhocker herunterrutschte, bemerkte ich erst, wie riesig die beiden waren. Es war, als würde ich »meinem« Basketballer gerade mal bis zum Bauchnabel reichen. Alles war überdimensional. Vor allem die Hände, die waren einfach nur riesig. Wie bei einem Superhelden. Und ich fühlte mich plötzlich winzig klein. Das war für mich sehr ungewohnt und dabei auch überraschend wohlig und angenehm.

Da habe ich zum ersten Mal gemerkt, wie empfänglich ich für solche Schlüsselreize bin. Und meiner Freundin ging es genauso. Den beiden hätten wir uns gerne einfach mal so in die Arme geworfen. Mit denen hätten wir auf der Stelle Sex gehabt. Oder wir wären gerne von ihnen durch die Stadt getragen worden. Auf den riesigen Händen an den riesigen Armen an den bombastischen Schultern. Auf jeden Fall waren wir sehr stolz in diesem Moment, und es ist immer eine große Freude für mich, an diese Situation zurückzudenken.

»Überlegt lange, was eure Schultern zu tragen sich weigern und was sie tragen können.«
HORAZ

GRUND NR. 57

Weil Männer von Cellulite verschont bleiben

Bei manchen Dingen haben Männer auch einfach nur Glück. Verdammtes Glück. Uns bleibt nicht viel übrig, als es ihnen zu gönnen oder uns im Stillen zu ärgern. Männer haben jedenfalls, egal, wie unsportlich sie sind, egal, wie selten sie sich eincremen oder die Schenkel massieren, egal, wie sie sich ernähren, nur in Ausnahmefällen Cellulite. Im Allgemeinen ist die männliche Schenkel-Oberfläche fest und glatt. Auch wenn noch so viel Fett über dem Muskel sitzt. Keine Wellen und Dellen auf dem Männer-Arsch. Selbst wenn man die Haut mit Daumen und Zeigefinger zusammendrückt. Im Gegensatz dazu sieht man sogar weibliche Models mit lebensbedrohlichem Mangelgewicht wabbeln – asymmetrisch, wellig. Und auch die richtig durchtrainierten Frauen im Aerobic-Kurs entblößen unter der Dusche ihre Hügelchen und Krater.

Und schuld daran sind mal wieder die gemeinen Hormone, die ungefragt die Kontrolle übernehmen. Unser Östrogen, das uns mit Brüsten beglückt, sorgt leider auch dafür, dass unsere Fettzellen an Schenkeln und Po in ganz elastischen Kollagenfasern gelagert sind. Unsere Zellen im Unterhautfettgewebe sind zusätzlich anders angeordnet als bei den Männern. Naja, das hilft uns dann bei der Körper-Ausdehnung in der Schwangerschaft. Dafür sind wir bestens gerüstet. Während wir aber nicht schwanger sind – wie wahrscheinlich die meiste Zeit unseres Lebens –, ist es allerdings eher unpraktisch. Da kämpfen wir mit Cremes, Bürsten, Massagen und Ausdauersportarten gegen Dellen, Wellen und Krater. Für Männer ist das im Normalfall keine Baustelle. Es sei denn, sie haben zu viel Östrogen abgekriegt. Dann haben sie auch Brüste. Und noch ganz andere Probleme.

Wenigstens bleibt den Männern der Gebärneid, daher sollen sie sich ruhig über ihre glatten Schenkel freuen. Sie finden natürlich unsere Schenkel trotz allem viel toller als ihre eigenen. Und damit ist auch wieder ein Stück Gerechtigkeit hergestellt.

»Nichts ist so traurig, dass nicht auch irgendetwas
Erfreuliches dabei wäre, und umgekehrt nichts so schön,
dass nicht irgendein Mangel daran haftete.«
FRANCESCO GUICCIARDINI

Weil Männer einen Penis haben

Spätestens seit Freud wird behauptet, wir Frauen seien neidisch auf den »kleinen Freund« der Männer. Penisneid nennt man(n) das dann. Doch Freud hat sich geirrt. Wir sind nämlich froh darüber, dass Männer ihren Penis haben. Weil wir ihn genau deswegen nicht selbst haben müssen. Männer tragen die Bürde und stellen sie uns im passenden Augenblick zur Verfügung. So mögen wir den Penis am liebsten. Leihweise, wenn uns gerade danach ist. Dann genießen wir dieses proportional lächerlich kleine Teil, das auf ein Männerleben einen so überproportional großen Einfluss nimmt. Das gleichzeitig unglaublich hart und unendlich empfindlich, gleichzeitig so kraftvoll und so weich ist. Wie die Männer an sich. Mal mit einem totalen Durchhänger, mal aufgeregt und aufrecht, mal voller Aggressivität, mal ängstlich zusammengekauert und komplett zurückgezogen. Schön, wenn vom Mann, genau wie vom Penis, so viele unterschiedliche Facetten zu sehen sind. Dass sie nicht so eindimensional sind, wie man manchmal denken könnte, wenn man beim Zappen bei DMAX landet oder im Wartezimmer in der »Men's Health« blättert.

Zum Glück müssen nur die Jungs sich mit Morgenlatten, Sauna-Ständern und sichtbaren Performance-Problemen auseinandersetzen. Von Phimosen und richtig unangenehmen Untersuchungen beim Urologen ganz zu schweigen. Wir Frauen können dagegen völlig diskret erregt sein und jederzeit auch so tun als ob, wenn die Situation es mal erfordert. Uns wird man nichts anmerken, wenn wir das nicht wollen.

Und auch das Steh-Pinkeln wird hoffnungslos überschätzt; mit etwas Übung kriegen wir das nämlich auch hin. Wenn wir es nicht sogar genießen, dass wir kurz im Sitzen entspannen können. Und ganz sicher haben wir beim Pinkeln keine Kollegin neben uns stehen, die unseren Intimbereich beurteilt. Viel angenehmer, dass es auf Frauentoiletten so etwas wie Privatsphäre gibt. Das ermöglicht uns sogar die Intimität gemeinsamer Toilettenbesuche ohne jedes Schamgefühl.

Nein, nein, es ist toll, dass nur Männer einen Penis haben und sich darüber sogar noch freuen! Wenn sie wüssten, wie toll es ohne ist, würden sie nämlich plötzlich größen Neid entwickeln.

»Beneide niemanden, denn du weißt nicht,
ob der Beneidete im Stillen nicht etwas verbirgt,
was du bei einem Tausche nicht übernehmen möchtest.«
AUGUST STRINDBERG IN ›STRINDBERG-BREVIER‹

Weil Männer-Nippel so sensibel sind wie unsere

Im Biologie-Unterricht, es muss so zwischen der fünften und siebten Klasse gewesen sein, stellte einer meiner Lehrer mal die Frage danach, welche Körperfunktion beim Menschen in seinem heutigen Lebensraum komplett überflüssig sei. Seine Antwort war die Gänsehaut, die bei früheren Menschen-Varianten für ein wärmendes Luftpolster unterm Fell gesorgt hat. Ohne Fell hilft Gänsehaut nicht mehr besonders. Meine Mitschüler und ich waren nicht darauf gekommen. Eine häufig geäußerte Idee aber war das Vorhandensein von Brustwarzen bei Männern. Und auch, als der Lehrer beschrieb, wie es dazu kommt, dass alle Menschlinge Brustwarzen haben, konnte er uns nicht davon überzeugen, dass dahinter irgendeine Art von Sinn steckt. Was sollen die Männer denn damit? Nur, um 'ne Piercing-Stelle zu haben, braucht es das doch nicht.

Unser Unwissen war eigentlich sehr traurig, zeigte es doch, dass die pubertierenden Jungs und Mädels keine Ahnung davon hatten, was man mit Männer-Nippeln alles anstellen kann. Und die Jungs wollten auf keinen Fall zugeben, dass ihre Nippel sensibel sind, weil sie das total unmännlich gefunden hätten. Aber es ist nicht unmännlich, es ist menschlich. Männer wie Frauen haben Nippel und sowohl bei Männern als auch bei Frauen laufen in ihnen Nervenenden zusammen. Das macht sie zu erogenen Zonen, die auf Stimulation erfreut reagieren. Auch Männer-Nippel werden steif. Auch Männer-Nippel reagieren auf Kälte und lassen sich mit Eiswürfeln manipulieren.

Ich erinnere mich noch daran, wie ich zum ersten Mal bemerkt habe, dass auch Männer-Nippel steif werden. Damals war ich davon total überrascht und hielt es für eine lustige Ausnahme. Erst viel später begriff ich, dass das ganz normal ist. Und eine tolle Spiel-Möglichkeit.

Es wäre schön, wenn Biologielehrer ihren Schülern erzählen könnten, was wirklich der Sinn der wundervollen Nippel ist – männliche Sinnlichkeit.

»Bald klopft vor Schmerz und bald vor Lust
Das rote Ding in meiner Brust.«
WILHELM BUSCH

Weil Männer auch Komplexe haben

Da uns Frauen ja schon von Kindesbeinen an eingeredet wird, dass wir wunderschön sein müssen, und unsere Spielzeug-Barbies Formen hatten, die eher einer Altherren-Fantasie entsprachen als einem gesunden oder auch nur realistischen Körper, vergleichen wir uns stets mit etwas, das wir nie erreichen können. Wir hätten gern die wallenden, vollen Haare, die makellos gebräunte Haut, die langen schönen Beine, die straffen, aber gleichzeitig vollen Busen und extrem schlanken Taillen. Diese Kombination ist allerdings nur den wenigsten Erdenbürgerinnen vergönnt. Erst recht nicht von Natur aus. Und deshalb kennen die meisten von uns das Gefühl der Unzulänglichkeit schon in der Pubertät nur zu gut. Und unsere vermeintlichen Fehler soll möglichst niemand sehen, weil wir uns so sehr für sie schämen.

Dass Männer und ihre Körper auch nicht perfekt sind, wissen wir natürlich. Und kriegen es trotzdem hin, uns in sie zu verlieben. Und das kann ja eigentlich nicht daran liegen, dass wir so viel bessere Menschen sind.

Hier kommt eine Nachricht, die gleichzeitig gut und schlecht ist: Auch Männer haben Komplexe. Da es für sie heute nicht mehr reicht, den einsamen Cowboy zu spielen, der unnahbar cool ist und 'ne Menge trinken und schießen kann und 'nen haarigen Körper hat, sind viele Männer tief verunsichert. Plötzlich sollen sie auch schön, sportlich, gepflegt, groß und gebildet sein. Wir stellen sie uns als breitschultrige Gentlemen und hervorragende Tänzer vor, die in jeder Situation souverän wirken. Und Wahnsinns-Liebhaber sollen sie natürlich auch sein. Kaum zu schaffen die ganze Palette. Deswegen leiden immer mehr Männer unter Selbstzweifeln.

Wir sollten uns nicht darüber freuen, nach dem Motto: Endlich spüren sie auch mal was von dem Druck, den Frauen schon so lange kennen. Schlauer wäre es, wenn wir versuchen könnten, uns vielleicht gegenseitig ein bisschen besser zu verstehen. Uns gegenseitig zu zeigen, dass wir uns trotz oder gerade wegen der kleinen Fehler in Menschen verlieben. Und dass Sex am meisten Spaß macht, wenn man die Sorgen über das Aussehen mal komplett über Bord wirft.

»Es ist kein Fisch ohne Gräten
und kein Mensch ohne Mängel.«
Julius Wilhelm Zincgref

Weil Männer uns beweisen, dass man früher stirbt, wenn man ungesund lebt

Die demographischen Statistiken weltweit zeigen immer wieder das Gleiche. Männer sterben viel früher als Frauen. Manch eine von uns sagt dann, das wäre ihre Strafe und sie hätten das verdient. Das habe ich zumindest so von Freundinnen gehört. Zusätzlich gibt es die alternativen Theorien, nach denen Frauen über ihre Menstruation entgiften, was Männer so regelmäßig weder automatisch tun noch tun würden, wenn sie es könnten.

Aber eigentlich ist die Erklärung viel einfacher und auch logischer. Männer müssen im Allgemeinen dazu gezwungen werden, gesunde Dinge wie Obst und Gemüse zu essen. Sie kämen auch dauerhaft mit Tiefkühlpizza und Pommes mit Currywurst klar. Sie gehen nicht zum Arzt, sondern halten erst mal durch, bis es nicht mehr anders geht. Sie rauchen und trinken viel exzessiver als Frauen. Sie überanstrengen sich in allem, was sie tun, nur um ihre Männlichkeit zu zeigen. Selbst beim Sport, der ja eigentlich gesund sein soll. Sie foltern Körper und Seele. Fettiges Essen in Kombination mit Bier und Viagra führt eben mit höherer Wahrscheinlichkeit zu Herzproblemen als das, was Frauen mit Diät-Cola und Halbfettmargarine anstellen.

Für jeden halbwegs intelligenten Menschen ist der Zusammenhang offensichtlich: Dass Männer Raubbau betreiben und sich total dagegen wehren, irgendetwas zu ändern, weil sie sich einfach blöd stellen und standhaft für allmächtig und unverwüstlich halten, kann nicht auf ewig funktionieren. Ihre Einstellung motiviert uns förmlich, auf uns aufzupassen, uns zu pflegen und auf die eigene Gesundheit zu achten. Mit etwas Glück schaffen wir es auch, die Männer dabei zu inspirieren.

»Mir ist es piepegal, ob Salz, Butter,
Wein oder Frauen schlecht für mich sind;
das Leben ist eine unheilbare Krankheit.«
GEORGE TABORI

Weil Männer sich richtig Mühe geben, wenn sie kleiner geraten sind

Obwohl ich selbst eher klein bin, stand ich früher total auf große Männer. Irgendwas machte es angenehm für mich, wenn ich mich neben einem riesigen Kerl noch ein bisschen kleiner fühlen konnte. Vielleicht auch nur zarter. Zum Glück bin ich heute ein großes und auch starkes Mädchen und denke da eher praktisch. Ich erinnere mich nämlich an steife Nacken vom Küssen und daran, bei der Missionarsstellung immer nur seinen Brustkorb vor der Nase zu haben, nie sein Gesicht.

Aber ganz abgesehen davon, habe ich an kleinen Männern einen Drive entdeckt, den die großen oft nicht mitbringen. Die riesigen Mutanten haben es nämlich nicht nötig, die werden sowieso für attraktiver, stärker und erfolgreicher gehalten. Und werden besser bezahlt und eher befördert als ihre durchschnittlich großen oder kleinen Kollegen. Die Kleinen wollen dagegen immer wieder beweisen, dass sie mindestens genauso viel draufhaben wie die Großen. Und deshalb tun sie das auch.

Im Bett, wenn es darum geht, den zuvorkommenden Gentleman zu spielen, und wenn sie uns unterhalten wollen. Die Underdogs zeigen einfach ein kleines bisschen mehr Einsatz. Das macht sie zwar gelegentlich leicht verbissen und empfindlich, aber nie so unachtsam wie jemanden, der denkt, dass er es nicht nötig habe, sich anzustrengen, weil er sowieso perfekt sei. Doch selbst bei großen Menschen ist die Wahrscheinlichkeit, dass sie perfekt sind, ziemlich klein. Daher sollte sich eigentlich jeder richtig Mühe geben. Hoffentlich fällt das auch den Großen irgendwann wieder ein.

»Nichts ist mühsam, was man willig tut.«
Thomas Jefferson

Weil Männer sich pflegen
(zum Glück haben sie sich geändert)

Meine Oma erzählt noch von Zeiten, in denen die ganze Familie nur einmal pro Woche gebadet hat. Nacheinander, nicht gleichzeitig. War natürlich Pech für die, die erst am Ende drankamen. Und das in einer Zeit, in der körperlich hart gearbeitet wurde. Als man noch zu Fuß zur Arbeit oder Schule ging und irgendwelches Getier im eigenen Haus schlachtete. Klingt alles nicht nach Wohlgeruch. Und es gab sogar Zeiten, in denen es komplett unüblich war, sich zu waschen. Stattdessen benutzte man Duftpuder, um den eigenen Gestank zu übertünchen.

Während sanitäre Anlagen über die Jahrzehnte und Jahrhunderte immer zugänglicher wurden, dachten die Männer lange, dass sie von ihnen trotzdem keinen Gebrauch machen müssten. Das überließen sie gern den Frauen, die bitte schön nach Blüten und Gewürzen duften sollten. Männer hingegen sollten nach Mann riechen, sprich stinken. Manche haben leider auch heute noch nicht mitbekommen, dass die Normen sich geändert haben. Und die, die es schon gehört haben, sich aber noch gegen das Neue wehren, beschimpfen die reinlicheren Geschlechtsgenossen als »metrosexuell«. Viele haben den Evolutionsschritt aber schon vollzogen. Sie duschen und rasieren sich regelmäßig, benutzen pflegende Bodylotion und kommen Tag für Tag wohlriechend und mit streichelzarter Haut aus dem Badezimmer. Die Augenbrauen wachsen ihnen nicht mehr ungestört zusammen und aus Ohren und Nase sprießen keine dicken Büschel, die man bei zu viel Freizeit flechten könnte. Auch der Intimbereich wird mittlerweile standardmäßig in irgendeiner Weise frisiert, damit wir uns nicht mit einem wilden Busch, sondern mit einer sexy getrimmten Region beschäftigen können. Das macht dann viel mehr Spaß als bei den Vorgängermodellen. Bleibt nur zu wünschen übrig, dass es sich die Ewiggestrigen auch irgendwann anders überlegen.

»Denn unser Leib hat einmal den Fehler,
dass er umso mehr Bedürfnisse entdeckt,
je mehr er gepflegt wird.«
THERESA VON ÁVILA

Weil Männer mit dem Alter interessanter werden

Dafür, dass ältere Männer sich nach der Midlife-Crisis oft mit jungen »Partnerinnen« umgeben, gibt es ja diverse Erklärungsmodelle. Von der Unfähigkeit, mit einem Gegenüber mit eigenen Ansprüchen und Meinungen umzugehen, bis zur sexistischen Aufwertung durch junges, leicht zu beeindruckendes Frauenfleisch als Beweis für die eigene Virilität. Aber es gibt auch ein paar Dinge, die für Männer sprechen, die jenseits der dreißig oder vierzig sind. Zum Beispiel, dass sie oft schon herausgefunden haben, wie Frauen behandelt und angefasst werden wollen. Falls es bis dahin mit den Liebhaber-Fähigkeiten noch nicht geklappt hat, ist es dann allerdings oft langsam zu spät und man sollte sich weitere Mühen sparen.

Optisch wird es mit der Zeit manchmal auch eher besser. Männergesichter werden nämlich mitunter mit den kleinen Falten und den grauen Schläfen erst wirklich maskulin und attraktiv. Natürlich haben auch die Knaben ihren Reiz, aber man will ihnen doch eher in die Wange kneifen und ihnen die Haare zurechtrücken, als sie ins Schlafzimmer zerren. Von Zukunftsplanung, die über das nächste Wochenende hinausgeht, ganz zu schweigen.

Die Fähigkeiten, die es für erfolgreiche Beziehungen braucht, treten bisweilen erst mit mehr Erfahrung richtig hervor. Es ist toll, wenn Männer schon herausgefunden haben, bei welchen ihrer Vorstellungen sie zu Kompromissen bereit sind und wo jede Diskussion eine Einschränkung seiner gottgegebenen Männlichkeit beweisen würde. So kündigte mir ein erwachsener Mann am Beginn einer keimenden Beziehungspflanze mal ganz deutlich an: »Also, es gibt Dinge, die will ich haben, und dann bin ich auch glücklich. Aber bei manchen Dingen bin ich bereit, mich zu verändern, zum Beispiel bei meiner Ernährung.«

Ich bin zwar der Meinung, dass erwachsene Menschen selbst entscheiden sollten, was und wie viel sie essen, aber als Ausgangsbasis für Beziehungsgespräche war das in jedem Fall schon mal eine ganz gute Grundlage. Und so etwas ist allemal besser zu handhaben als ein unsicherer Jüngling, der einfach alles mitmacht und nichts dafür einfordert und dann gar nicht mitkriegt, wie alle Beteiligten unzufrieden werden. Eine Beziehung zu haben bedeutet nämlich immer auch zu verhandeln. Aber das geht eben nur, wenn man kommunizieren kann. Und weiß, was man kommunizieren will. Vieles von dem Wissen kommt aber leider erst mit dem entsprechenden Alter.

»Ein kultiviertes Mädchen
meidet die Küsse eines Alten.«
Tibull

Weil Männer sich auch ohne Dusche, Rasur & Bodylotion pudelwohl fühlen

Womöglich wirken die Aussagen jetzt ein bisschen inkonsequent, aber es gibt ja immer mindestens zwei Perspektiven, von denen aus man eine Tatsache betrachten kann. Und auch wenn ich es auf der einen Seite ganz großartig finde, dass Männer sich heutzutage pflegen und in weiten Teilen dem Stadium der Neandertaler entwachsen sind, gibt es auch in mir eine andere Stimme, die gelegentlich das Tier im Manne sehen will. Und dieses Tier soll sich nicht die ganze Zeit sein Fell lecken, sondern sich lieber mal knurrend in seine Kuhle legen.

Manchmal ist es auch einfach nur angenehm, dass ein Mann nicht so ein Reinlichkeitsfanatiker ist, sondern mal fünfe grade sein lassen kann. Dass er nicht immer sofort ins Bad rennen muss, wenn Körperflüssigkeiten ausgetauscht worden sind oder wenn er ein bisschen geschwitzt hat. Dass er nicht morgens als Erstes Spiegel und Warmwasser braucht, bevor sie ihn ansehen und ihm einen kleinen oder größeren Aufwach-Kuss geben darf. Und wenn er das bei sich selbst nicht so eng sieht, kann er ja auch bei ihr keine überzogenen Ansprüche erheben. Das macht die ganze Angelegenheit gleich viel entspannter.

Manchmal stecken wir Frauen so sehr in unseren anerzogenen Reinlichkeitszwängen, dass es unheimlich befreit, wenn der Mann zumindest ein kleines bisschen dirty ist. Es geht nämlich auch ohne Feuchttücher und Sagrotan. So können auch wir uns fallen lassen und uns in fremden und eigenen Körpersäften suhlen. Zumindest ein bisschen. Und dann einfach mal liegen bleiben. Oder sogar eine derbe Sauerei veranstalten. Das soll mitunter richtig viel Spaß machen. Habe ich zumindest gehört. Wischen und waschen kann man schließlich später. Oder auch erst morgen. Ist ja schließlich auch noch ein Tag.

»Bei Mann und Frau handelt es sich um zwei ganz unterschiedliche Lebensformen. Dennoch dulden viele Frauen einen Mann in ihrer Behausung.«
MAX RAABE

Weil Männer auf ihren Bartwuchs stolz sind

Seltsamerweise brauchen Männer Dinge, die ihnen permanent beweisen, dass sie noch immer Männer sind. Als könnte sie ganz plötzlich verschwinden, muss die Männlichkeit anscheinend ständig verteidigt und nachgewiesen werden. Manchmal frage ich mich, was das für ein empfindliches Konstrukt ist, wenn selbst Kleinigkeiten es so leicht infrage stellen. Und in Zeiten, die so verwirrend und anstrengend sind wie die heutigen, wird es schwierig sein, solche Situationen ganz zu vermeiden.

Dass Männer sich um ihre Männlichkeit sorgen, kann man ganz leicht beobachten. Daher rühren nämlich diese kleinen Gewohnheiten, die wir als seltsame Ticks liebgewonnen haben. In Wirklichkeit werden wir Zeuginnen davon, wie er sich seiner Manneskraft versichert. Deswegen ist ab und an ein beherzter Griff in den Schritt angesagt, wo er nachprüft, ob der Lümmel oder eines der Eier nicht zufällig auf einmal verschwunden sind. Das Räuspern kann demonstrieren, dass seine Stimme nicht plötzlich wie die von einem Eunuchen klingt. Ist das Räuspern tief, ist noch genug Testosteron im Organismus. Ein weiteres Zeichen purer Männlichkeit ist der heilige Bartwuchs. Über den freut sich ein Junge schon, wenn er zum ersten Mal auftaucht und dann plötzlich verbindende Männerrituale wie das gemeinsame Rasieren (vielleicht sogar mit dem Vater) möglich macht.

Wenn also ein richtig angepasster Bankangestellter mal rebellisch sein will, lässt er das mit dem Rasieren sein und entwickelt ganz bedrohliche Stoppeln. So zeigt der Cowboy, dass er hart und rau ist. Und wenn er es richtig sprießen lässt, bis er eine schicke Frisur daraus zaubern kann, ist die Weltordnung wiederhergestellt. Er ist der Mann! Grrr.

Ich habe schon mehrmals Männer kennengelernt, die keinen allzu starken Bartwuchs hatten und die irgendwie darunter zu leiden schienen. Die ganz neidisch wurden, wenn andere innerhalb kurzer Zeit Gesichtsfrisuren herzaubern konnten. Und denen es auch kein Trost war, dass ich es toll fand, dass sie sich nicht dreimal täglich rasieren mussten, um küssbar zu sein. Nein, der Wunsch nach Bärtigkeit steckt tiefer und ist eine ganz archaische Nummer, bei der Logik keine Rolle spielt. Schade eigentlich. Schade auch, dass wir uns nicht genauso über unseren Haarwuchs freuen können wie die Männer.

»Die Vorliebe der Männer für Vollbärte hängt mit
der Emanzipierung der Frau zusammen. Denn beim
Vollbart kommt auch die emanzipierteste Frau nicht mit.«
GEORGE HAMILTON

KAPITEL SIEBEN

WARMDUSCHER

»Männliches Verhalten schwindet – gerade unter Männern.
Wir sind Feiglinge, die allenfalls noch mit den Augen rollen.«
NORBERT BOLZ

Weil Männer gerne kuscheln

Nicht alle wollen es zugeben, aber im Endeffekt ist es tatsächlich so: Männer kuscheln gerne! Als Babys werden ja auch die männlichen Menschlein von ihren Mamis und Papis, von Omis, Opis und Tanten und Onkels intensivst geknuddelt. Auf diese Weise wird ihnen schon als Kleinstkind gezeigt, dass sie geliebt werden und sich komplett geborgen fühlen können. Und dieses Gefühl wollen auch Erwachsene wiederhaben, Männer genauso wie Frauen. Nur können Frauen später noch dazu stehen und zur Not holen sie sich die Umarmungen auch voneinander, wenn die Männer sich zu doof anstellen. Leider wird den Männern zu häufig eingeredet, sie müssten hart und raubeinig sein, so dass sich die meisten nicht trauen, zu ihrem Kuschelbedürfnis zu stehen. Wenn die Herren sich dagegen nicht so doof anstellen, bekommen und spüren sie gerne Zärtlichkeit, werden gerne gestreichelt und kuscheln ausgiebig.

Auch Männer haben nicht nur eine erogene Zone, sondern viele Nervenenden, die über den kompletten Körper verteilt für tolle Gefühle sorgen können. Wenn Männer nicht den Druck verspüren, ihre Männlichkeit beweisen zu müssen, genießen sie den liebevollen Körperkontakt. Im Grunde halten sie nur ihr Kopf und ihr Ego davon ab, mehr Erfüllung und Sinnlichkeit zu finden. Manchmal können Männer Zärtlichkeiten nur dann komplett zulassen, wenn sie sich unbeobachtet fühlen. So habe ich zum Beispiel einen Mit-Übernachter erlebt, der nachts immer sehnsüchtig darauf gewartet hat, bis ich eingeschlafen war. Erst dann hat er mich liebevoll in den Arm genommen und die ganze Nacht über festgehalten. Schön war das, funktionierte mit ihm aber nur mit einem gewissen Maß an Diskretion. Es war so, als dürfte noch nicht einmal ich diese Seite von ihm bewusst mitbekommen. Nach diesen kuscheligen Nächten waren wir beide komplett entspannt und fühlten uns geliebt, wenn wir in den nächsten Tag starteten. Hätten wir das Gleiche bei Tageslicht gemacht oder das Ganze thematisiert, wäre es wahrscheinlich nie wieder passiert. Aber das ist wie beim Finger im Männer-Po: Genossen wird auch der nur so lange, wie das Thema nicht angesprochen wird. Dann schweigen wir eben darüber. Trotzdem ist es jetzt raus.

»Der heutige Stadtmensch hat seine Gefühlswelt gleichsam mit einem Panzer umgeben, trägt seine Zärtlichkeit darin wie eine samtene Hand unter eiserner Faust.«
DESMOND MORRIS

Weil Männer sich schuldig fühlen, wenn sie Mist gebaut haben

Männer machen Fehler, wie alle anderen Menschen auch. Das lässt sich also im Verlauf einer Beziehung kaum vermeiden. Im Verlauf eines Lebens erst recht. Die Frage ist dann jeweils nur, wie alle Beteiligten oder Betroffenen damit umgehen.

Die meisten für die Mutter, Frau oder Freundin mitgebrachten Blumensträuße haben sicherlich zumindest am Rande mit einem nagenden schlechten Gewissen zu tun. Gerade wenn sie außerhalb der Reihe oder abseits von offiziellen Anlässen übergeben werden.

Und so ein Mitbringsel kann dann eine ganze Abfolge von Bedeutungen haben:

1. er hat Scheiße gebaut
2. er ist sich darüber bewusst, dass er Scheiße gebaut hat
3. er hat deswegen ein schlechtes Gewissen und
4. er möchte es wiedergutmachen

Vielleicht gelobt er innerlich sogar Besserung. Wer weiß. Zumindest würde er auch aus rein egoistischen Gründen sicherlich gern vermeiden, sich ein weiteres Mal von seinem schlechten Gewissen malträtieren zu lassen.

Ob er es nun zugeben kann oder nicht, er fühlt sich schuldig, wenn er etwas angestellt hat, und das ist gut so. Wäre ihm sein Mist komplett egal und würde er all die blöden Sachen eiskalt durchziehen, gäbe es keinen Anlass zur

Wiedergutmachung. Wir könnten uns nicht über Blumen außer der Reihe, eine überraschende Essenseinladung oder den Vorschlag freuen, jetzt doch mal die alten und bisher als Blödsinn abgetanen Ideen umzusetzen. Er hat eben endlich gründlich und umgreifend nachgedacht und eingesehen, dass es doch ein total guter Vorschlag war. Schon klar.

Manchmal muss man sogar Fehler machen, um überhaupt erst zu erkennen, was einem wichtig ist. Vielleicht wäre es gefährlicher, einen Drang stets zu unterdrücken, so dass er immer wieder – zusammen mit einer riesigen Portion Wut – an die Oberfläche kommt. Also besser manchmal Scheiße bauen. Und dann daraus lernen und dafür sorgen, dass es nicht wieder passiert.

»Glück ist zuerst und vor allen Dingen das stille, frohe, sichere Gefühl der Schuldlosigkeit.«
HENRIK IBSEN

Weil Männer lieber uns entscheiden lassen

Ich habe schon oft Männer getroffen, die mir erzählt haben, dass sie sich noch nie selbst von einer Partnerin getrennt haben. Dass sie sich, wenn sie nicht mehr mit ihr zusammen sein wollten, eher so lange gründlich danebenbenommen haben, bis *sie* endlich Schluss gemacht hat. Alles, weil sie die finale Entscheidung nicht selbst treffen und erst recht nicht aussprechen wollten. Wenn man's nicht gewesen ist, war man ja auch nicht schuld am Scheitern und auch auf keinen Fall der Böse.

Aber nicht nur am Ende, auch am Anfang einer Beziehung lassen Männer oft lieber uns Frauen vortreten. Dass er sie will, sollte ihr von vornherein klar sein, also muss nur sie entscheiden, ob sie *auch* will. So geht der Mann kein Risiko ein und macht es sich schön bequem. Kriegt keinen Korb und investiert auf keinen Fall zu viel, bevor nicht auch die Rendite klar ist.

Und wann auch immer es zwischen Anfang und Ende ernst wird, verzieht sich der Mann in seinen Schildkrötenpanzer und streckt den Kopf erst dann wieder raus, wenn sie Fakten geschaffen hat. Auf diese Weise war er hinterher auch nicht daran schuld, wenn die Entscheidung falsch war. Oder, fast noch besser, er kann einspringen und sie retten, wenn die Kacke am Dampfen ist. Und Retter ist er ja schließlich viel lieber als derjenige, der den Schlamassel verursacht hat.

Und wir? Können eigentlich froh darüber sein, dass eine Kompromissfindung oft gar nicht nötig ist! Wir machen einfach unser Ding. Wenn unsere Entscheidung maßgeblich ist und die Sache gut geht, sind alle glücklich. Wenn nicht, muss er es wieder richten und fühlt sich so, als wäre er unersetzlich. Dann ist es Ehrensache, dass er es im letzten Moment doch in die Hand nimmt. Und auch dann sind alle glücklich. Eine Win-Win-Situation sozusagen.

» Viel mehr als unsere Fähigkeiten sind es unsere Entscheidungen, die zeigen, wer wir wirklich sind. «
J.K. ROWLING IN ›HARRY POTTER
UND DIE KAMMER DES SCHRECKENS‹

Weil Männer aufblühen, wenn wir sie loben

In einem Management-Seminar wurde mir mal tagelang nachdrücklich eingebläut, dass man im Arbeitsleben andere Menschen mindestens fünfmal so oft loben muss, wie man sie kritisiert hat. Und dass man durch das Loben das erwünschte Verhalten verstärken, vielleicht sogar hervorrufen kann. An jeder Person, sei sie auch noch so unangenehm, soll man sich etwas Positives suchen, an dem man ansetzen kann, etwas, das sie liebenswert und wertvoll macht. Und sei es auch nur die Frisur oder die Tatsache, dass sie die Klappe hält. Immer auf das Positive konzentrieren, das ehrlich loben und so lernen, die Person zu mögen und durch die Hintertür auch noch dafür sorgen, dass man über kurz oder lang von der betreffenden Person genauso gemocht wird.

Nun hatte ich ja glücklicherweise die Möglichkeit, mich im Arbeitsleben eher dafür zu entscheiden, ausschließlich mit Menschen zu tun zu haben, die ich so gerne mag, dass ich sie nicht mit Hilfe von Strategien beschleimen muss. Aber im Leben mit Männern, die ja nicht immer nur angenehme Zeitgenossen sind, ist dieser Tipp Gold wert. Männer werden nämlich im Allgemeinen nur selten gelobt. Im privaten noch seltener als im beruflichen Kontext. Deshalb müssen sie ja die ganze Zeit mit anderen konkurrieren, um sich einen vermeintlich objektiven Vorsprung vor den anderen zu verdienen, der dann endlich Lob rechtfertigen würde. Das dann meistens trotzdem nicht kommt.

Daher sind Männer ausgehungert nach Bestätigung. Wenn Frauen sie loben – gerade die Frauen ihrer Herzen –, tun sie alles dafür, dass da noch mehr Lob kommt. Das funktioniert im Bett genauso wie im Haushalt. Und bei der Auswahl von Geschenken. So werden die Männer in unserem Leben nach und nach so perfekt, dass sie sich den Zuspruch schließlich tatsächlich verdienen. Das nennt sich dann »sich selbst erfüllende Prophezeiung«. Und solange das Lob glaubwürdig rüberkommt, ist der Erfolg garantiert. Einfach mal ausprobieren! Vielleicht auch im Berufsleben.

»*Über den Tadel sind viele erhaben;*
weniger über das Lob.«
CARL GUSTAV JOCHMANN

Weil Männer ohne uns hilflos sind

Es gibt ja so viele Dinge, die Männer können. Laut rülpsen, weit spucken, Sachen bauen, Sachen tragen und so Praktisches wie Sachen reparieren. Tolle Fähigkeiten, ohne Frage. Aber trotzdem scheinen viele Exemplare ohne eine Frau gnadenlos aufgeschmissen zu sein. Das sieht man in Reality Soaps wie »Bauer sucht Frau« oder »Schwiegertochter gesucht« oft deutlich, aber letztlich kennen wir das auch alle aus unserem eigenen Leben.

Ein Freund von mir führte nach meinem Vorschlag (und einem zu lang ignorierten Mottenbefall) einen Großputz in seiner Wohnung durch. Er war Ende zwanzig und lebte schon knappe zehn Jahre alleine. Als die Küche dran war, suchte und fand er schließlich seinen Wisch-Mopp und fragte mich dann, wie das jetzt funktionieren würde. Ich hielt das für einen blöden Witz oder eine Strategie, um die Aufgabe auf mich abzuwälzen, und fragte deshalb nur: »Willst du mich verarschen?« Doch der junge Mann war auf der Stelle eingeschnappt. Und es stellte sich heraus, dass er den schicken Mopp noch nie benutzt hatte. Also *noch nie* in seinem Leben einen Boden gewischt hatte. Ich war schockiert. Gerade weil der Typ von seiner Mutter allein erzogen worden war. (Memo an Mütter von Söhnen: Bitte bringt den Jungs bei, sich selbst zu versorgen!)

Und dann gibt es noch das endlose Thema der Ernährung. Ich habe Männer getroffen, die allen Ernstes im 21. Jahrhundert die Frau dafür verantwortlich machen, dass sie auch mal was Gesundes essen. Die Frauen sollen sie dazu zwingen, ab und an etwas Obst und Gemüse zu vertilgen oder einmal im Monat einen Salat zuzubereiten. »Wenn ich allein bin, ernähre ich mich eben ungesund«, war dann alles, was ich auf Nachfrage zu hören bekam. Als wäre Mann nicht in der Lage, sich ein Brokkoli-Röschen in den Mund zu schieben.

Aber es hat ja auch etwas Gutes. Da viele Frauen ein Helfersyndrom mit sich herumschleppen, trägt diese Situation mit dazu bei, dass Beziehungen funktionieren. Frauen wollen sich kümmern, wie sie es schon von klein auf gelernt haben, und Männer geben die Verantwortung an ihre jüngere Mami ab. Wo Liebe und Leidenschaft vielleicht nicht reichen, kittet eine solide und klare Rollenverteilung.

»Wo jemand hilft,
wird ein anderer unselbstständig.«
Gerhard Kocher

Weil Männer vor uns weinen

Ein Typ wie James Bond ist als Sex-Symbol total out. Ich finde ihn jedenfalls unendlich problembehaftet und langweilig. Reif für die Klapse. Idiotische Schläger wie die vom A-Team sind natürlich sowieso nicht gerade ein Frauentraum. Was wir wollen, sind Männer, die so selbstsicher sind, dass sie es zulassen können, auch ihre Schwäche zu zeigen. Und der höchste Ausdruck von dieser starken Schwäche sind Tränen. Die zeigen uns zum einen, dass der Mann im Stande ist, seine Gefühle zuzulassen. Zum anderen ist es bei den meisten Männern auch ein echter Vertrauensbeweis, wenn sie in unserer Gegenwart weinen.

Mit meinem letzten Partner war ich über Jahre befreundet und hatte nie darüber nachgedacht, etwas an unserer platonischen Beziehung zu verändern. Doch dann erlebte er etwas sehr Trauriges. Er rief mich an, ich traf ihn und ein paar dicke Tränen kullerten über sein Gesicht. Ich nahm seine Hände, um ihn zu trösten, und plötzlich waren wir uns ganz nah. Von da an sah ich ihn mit anderen Augen und hatte das Bedürfnis, ihm noch näherzukommen. Er wollte das glücklicherweise auch. Also bildete dieser Vorfall die Basis für eine wunderbare Beziehung, die man dann nicht mehr ganz korrekt als platonisch bezeichnen konnte. Eine der besten.

Meinen Bruder habe ich im erwachsenen Alter nur einmal weinen sehen. Das war, als ich bei seiner Hochzeit ein für ihn geschriebenes Gedicht vorgetragen und ein Lied für ihn gesungen habe. Die Tränen der Rührung waren für mich der größte Liebesbeweis und tausendmal mehr wert als jedes gesprochene Kompliment. Das hat mir gezeigt, dass es ihn berührt hat. Und dass neben seiner Ehefrau und seiner Tochter auch noch ein kleiner Platz für seine Schwester in seinem Herzen ist.

»Auch der Schmerz will seinen Ausdruck haben,
Und der Mann, vom Schmerze überwältigt,
Braucht sich seiner Thränen nicht zu schämen.«
FRIEDRICH VON BODENSTEDT

Weil Männer sich beim kleinsten Schnupfen in quengelnde Patienten verwandeln

Männer sind *so* hart, dass sie eine sehr gute Ausrede brauchen, um sich guten Gewissens eine Auszeit zu gönnen. Das geht folglich nur, wenn sie richtig schwer krank und deswegen komplett hilflos sind. Und weil wir alle ab und an ein gewisses Maß an Entspannung brauchen, ergreifen Männer sofort jede sich bietende Chance und leben jede kleinste Erkältung, jedes noch so kleine Wehwehchen gnadenlos aus. Dann wird gejammert und gequengelt, um heiße Suppe und liebevolle Streicheleinheiten gebettelt, als wäre das Heldenleben in Gefahr und könnte in den nächsten Stunden oder Minuten zu Ende gehen.

Interessanterweise ist ein Arztbesuch oft trotzdem nicht angesagt, dafür ist der Herr dann oft viel zu schwach. Wenn überhaupt, kann nur die Freundin helfen. Und die soll richtig ran. Mit Tee, Süppchen und Streicheleinheiten. Zu den Bitten kranker Freunde gehören mitunter auch Blowjobs. Für aktive Sexualität fehlt ja schließlich die Kraft. Passiv geht das dagegen ganz gut. Und die erwachende Erregung wäre ja ein total gutes Zeichen dafür, dass es eine Chance auf Heilung gäbe. Natürlich nur, wenn Frau sich dann auch darum kümmert. Und wer könnte einem Todkranken schon den letzten Wunsch abschlagen?

Das Gute ist, dass Männer sich auch gerne revanchieren, wenn es uns Frauen nicht so gut geht. Mit Wärmflaschen für den Unterbauch und heißem Tee mit ganz viel Honig. Und Streicheleinheiten. Wenn ich so darüber nachdenke, kriege ich schon fast Bauchschmerzen. Aber nur fast, denn die tollen Männer in meinem Leben sind ja auch liebevoll, wenn es mir gut geht. Gar kein Anlass für ein billiges Schauspiel. Und ab sofort kümmere ich mich so nett um meine Jungs, dass sie nicht wieder unter schlimmen Krankheiten wie Halsweh leiden müssen.

»Wer nur dann Zuwendung erhält,
wenn er krank ist, wird krank.«
GERHARD KOCHER IN ›VORSICHT, MEDIZIN!‹

Weil Männer leicht zu überzeugen sind

Manchmal hat man den Eindruck, als wäre die Evolution des Mannes noch lange nicht abgeschlossen. Zum Beispiel, wenn man als Frau mit einem Exemplar verhandeln will. Versucht Frau ihre Forderungen auf Augenhöhe und im Rahmen einer respektvollen Diskussion zu stellen, hält er seine Position gnadenlos durch. Wird laut, wiederholt sich, ohne ihre Argumente auch nur anzuhören, geschweige denn anzunehmen. Da nimmt er vielleicht auch noch eine richtig männlich bedrohliche Pose ein und gestikuliert wild herum, um seine wichtigen und einzig richtigen Aussagen zu unterstreichen. Das Ganze wird dann oft kein Gespräch und keine Diskussion, sondern etwas, das sich anfühlt, als würde man als kompetente Frau gegen dumpfe Wände laufen. Nicht gerade angenehm. Und so unlogisch.

Noch unlogischer wird es, wenn Frau eine andere Argumentationsstrategie anwendet. Macht sie nämlich auf harmloses und naives Weibchen, indem sie ihn wie ein kleines Mädchen darum bittet, sie doch bitte vor der bösen Welt zu retten, oder ihn voller Bewunderung anschmachtet und dabei ein paar andere weibliche Reize einsetzt, ist ihm seine Position schnell mal komplett egal. Da gibt er dann einfach nach und alle seine vermeintlich so guten Argumente kampflos auf. Wichtiger scheint plötzlich zu sein, dass er sich als Retter oder Held fühlen kann oder vielleicht sogar auf die Idee kommt, er hätte mit seiner Großzügigkeit einen Deal mit Nachspiel gelandet: »Ja, sie will mich«, scheint er zu denken, während er sich auf ihre Seite begibt, wobei die

Fakten und die Frage, wer jetzt recht hat, plötzlich so gar keine Rolle mehr spielen. Bis die Männer bei der Emanzipation nachziehen, haben wir sie also voll in der Hand.

» Wer hinter seinem Wort steht,
braucht seinen Standpunkt nicht mehr zu verteidigen. «
Ernst Ferstl

Weil Männer uns zuliebe draußen rauchen oder sogar ganz aufhören

Teilweise konnte ich gar nicht glauben, welche Kunststücke einige Frauen mit ihren Männern vollbringen. Manche vormals gestandenen Mannsbilder benehmen sich nämlich innerhalb kürzester Zeit mit ihrer Frau wie dressierte Hündchen. Ich denke da an rosa Pudel oder Chihuahuas in Täschchen. Die Jungs bringen ihre Handtaschen, machen Sitz und Platz, betteln nicht sabbernd um Essen und wedeln vor Freude mit dem Schwänzchen, wenn sie ein bisschen Aufmerksamkeit von ihr bekommen. Das Rülpsen wird zu einem diskreten Räuspern, der Furz findet nicht mehr in der Nähe von anderen Menschen statt. Und geraucht wird auch nicht mehr da, wo es stören könnte, sondern draußen, weit weg von der Zivilisation. Die richtig Guten hören sogar ganz damit auf. Spätestens wenn er seinen Männer-Auftrag erfüllt hat und sie sein Kind in sich wachsen spürt, ist es aus mit dem Vergiften. Dann hat das Leben schließlich einen Sinn und sollte nicht unnötig verkürzt werden. Ganz freiwillig, nicht, weil sie's verlangt.

Vor Kurzem hörte ich eine Geschichte, die damit begann, dass ein künftiger Bräutigam sich auf seinem Junggesellenabend so richtig danebenbenommen hat. So sehr, dass er am Ende nackt auf einem Stuhl saß und engen körperlichen Kontakt zu einer immer nackter werdenden Tänzerin hatte. Kein cooler Auftritt. Irgendwer war so freundlich, die Szenen fotografisch festzuhalten und ins Netz zu stellen. Also konnte sich die zukünftige Ehefrau noch vor der Hochzeit genau ansehen, was ihr Mann so macht, wenn er sich ohne sie so richtig amüsiert. Da seine einzige Ausrede der Alkohol war, hat sie ihn trotzdem geheiratet, ihm aber verboten, jemals wieder zu trinken. Und sie lebten glücklich bis …?

Wie es ausgehen wird, weiß man natürlich noch nicht. Aber ich finde es ziemlich beachtlich, dass dieser Mann sich (jetzt mal ganz unabhängig davon, wie heftig und abstoßend sein Fehltritt war) darauf einlässt, sein Leben für sie so grundlegend zu ändern.

»Die meisten Frauen setzen alles daran, einen Mann zu ändern,
und wenn sie ihn dann geändert haben, mögen sie ihn nicht mehr.«
MARLENE DIETRICH

Weil Männer sich für uns
vor ihren Freunden blamieren

Manchmal erwarten wir zu viel von den Männern. Und manchmal erfüllen sie diese überhöhten Ansprüche sogar noch. Zum Beispiel, wenn wir sie auffordern, uns ihre Liebe und Loyalität zu beweisen, indem sie sich für uns vor ihren Freunden blamieren. Dann müssen sie uns, die wir am anderen Ende der Telefonleitung diskret in unser Handy säuseln, sagen, dass und wie sehr sie uns lieben. Sie nennen uns Hasi, Schatzi oder Mausi. Einfach nur, damit wir nicht auf die Idee kommen könnten, sie würden nicht zu uns stehen. Oder dass da eine Frau in der Nähe sein könnte, die nichts von unserer Beziehung weiß. Männer stehen diese Blamage heldenhaft durch, sie stehen zu uns.

Dass er seinen Kumpels erklären muss, warum er an bestimmten Aktivitäten aus Liebe zu uns nicht mehr teilnimmt, ist auch sein Problem. Er trägt das mit Fassung. Positioniert sich. Ist loyal. Zeigt allen, wer in seinem Leben wichtig ist. Am wichtigsten, meine ich natürlich.

Ein ehemaliger Partner war mal ganz stolz darauf, seinen Kollegen nach einem Grillfest zu erzählen, dass er keine Steaks mit nach Hause bringt, weil ich Vegetarierin bin. Dafür wurde er ganz schön verarscht. Obwohl ich das noch nicht einmal von ihm verlangt hatte. Er erzählte es mir hinterher und das erwärmte mein Herz.

Wenn die Liebe über allem steht, schafft ein Mann es nicht nur, Kondome zu kaufen, auf denen kein Preisschild ist, er schafft es sogar, die Riesenpackung Tampons in der Größe

Super Plus mitzubringen. Ein Mann, der weiß, dass er ein Mann ist, kann sich das erlauben, ohne um seine Männlichkeit fürchten zu müssen. Ein Mann bleibt ein Mann bleibt ein Mann. Ob mit Alldays Ultra oder einem Kasten Bier in der Hand.

»Um edel zu empfinden,
Lasst Scham nicht aus der Seele schwinden.«
WOLFRAM VON ESCHENBACH

Weil Männer für uns ihren Männerabend absagen

In Wirklichkeit haben Männer oft gar keinen Bock, mit ihren Single- oder Fremdgänger-Kumpels loszuziehen und sich sinnlos volllaufen zu lassen und blöde Sprüche zu klopfen. Aber das könnten sie ihren Kumpels nicht sagen, sonst wären sie ja ein Weichei, Warmduscher oder ein Kameradenschwein. Absagen ist nicht. Zumindest nicht ohne einen triftigen Grund.

Also hoffen Männer darauf, dass ihre Frau sie rettet und aus der Bredouille befreit. Ihr können sie das aber auch nicht sagen, denn es soll ja am Ende wie ein Opfer aussehen, das er schweren Herzens für sie erbringt, wenn er mit ihr zu Hause bleibt. Ein Opfer, für das irgendwann eine Gegenleistung fällig sein könnte. Also muss er sie mit seinen Männer-Plänen herausfordern und aus der Reserve locken. Er kann es nicht gelten lassen, dass sie sich bemüht, cool zu bleiben und höchstens kurz schluckt, bevor sie ihm viel Spaß wünscht. Also muss er noch nachlegen, ein bisschen piesacken, bevor sie dann letztendlich doch mit einem zickigen Unterton reagiert.

Und wenn er in der nächsten Runde erreicht hat, dass wir was eindeutig Zickiges sagen, ist er am Ziel angekommen und kann etwas im Sinne von »Du bist ja nur sauer, weil ich heute *einmal* ohne dich ausgehe« loswerden. Das bestreitet sie dann, wenn sie entspannt ist, oder sie lässt sich auf sein Spielchen ein, zum Beispiel, indem sie über den Kumpel herzieht: »Na, der hat ja schon oft genug Scheiße gebaut, wenn er besoffen war.« Und wenn der Streit voll im Gange ist, kann er dann irgendwann – entweder schmollend oder großmütig – verkünden, dass er doch nicht gehen wird. So hat er für seine Kumpel eine tolle Ausrede und für seine Frau einen echten Liebesbeweis. Und mit Glück sogar Versöhnungssex und damit einen perfekten Pärchenabend. Gefickt eingeschädelt.

» Wer sich nicht freiwillig aufopfert,
wird aufgeopfert werden!«
GOTTHILF HEINRICH VON SCHUBERT

KAPITEL ACHT

ANPACKER

»Nur rastlos betätigt sich der Mann.«
JOHANN WOLFGANG VON GOETHE IN ›FAUST I‹

Weil Männer am Strand Windzelte, Sound-Anlagen und tragbare Grills aufbauen

Ich habe mich ja immer darüber totgelacht, dass mein Freund für einen einfachen Strandausflug Tonnen von Sachen eingepackt hat, die ich ihn dann auch ohne schlechtes Gewissen ganz alleine schleppen ließ. Er war ja selbst schuld, wenn er das alles mitnahm. Am Strand suchte er ewig nach der perfekten Stelle, um umständlich sein Windzelt aufzubauen. Darauf folgte auch das strategisch ausgeklügelte Aufstellen von MP3-Player und Mini-Speakern, bis wir uns endlich hinlegen konnten. Manchmal zauberte er im Verlauf des Tages noch einen Picknick-Koffer, Lesestoff und abends Fackeln hervor. Und zu jeder Witterung passend gab es eine isolierte Decke für den Boden und etwas zum Zudecken. Ganz angenehm dieser Aufwand, aber völlig unnötig, dachte ich oft bei mir.

Vor Kurzem wurde ich auf einen kleinen Frauen-Ausflug eingeladen, zwei Freundinnen haben mich abgeholt und hatten angekündigt, alles dabeizuhaben. Es war lange nicht so viel wie das Gepäck meines Freundes, aber das war ja klar. Braucht ja auch keiner all den Kram. Am Strand angekommen, haben wir uns sofort in die Sonne gelegt und keine weitere Zeit verschwendet. Allerdings mussten wir uns zu dritt auf zwei Badetücher zwängen. Ist nicht die Idealsituation, aber unter Mädels kriegt man das ja hin. Da lagen wir dann sechs Stunden lang eng beieinander in der prallen Sonne, ohne auch nur ein kleines bisschen Schatten abzukriegen. Geräusche kamen nur von spielenden Kindern und betrunkenen Typen. Zum Obstsalat gab's keine Löffel und an eine Form von Beleuchtung war am Abend nicht zu denken. Schön war's trotzdem, auch wenn mein Gesicht abends lila war und ich langsam die Schnauze voll davon hatte, gärenden Obstsalat mit den Fingern zu essen.

Mein Freund konnte mich hinterher viel zu lange nicht berühren, und es dauerte volle zehn Tage, bis ich aus meinem Kokon geschlüpft und mit frischer Haut überzogen war. Keine schöne Erinnerung. Nun freue ich mich darüber, dass mein Freund so umsichtig ist und an all das denkt, was man so braucht. Bei einem Strandausflug oder auch nur für ein Picknick im Park. Und dass er es auch noch ohne Grummeln ganz alleine trägt, macht es umso schöner.

»Der Weise ist auf alle Ereignisse vorbereitet.«
MOLIÈRE IN ›DIE GELEHRTEN FRAUEN‹

Weil Männer uns beim Umzug helfen

Umzüge sind furchtbar. Und furchtbar anstrengend. Da gibt es Sachen zu packen, zu sortieren, ab- und aufzubauen und immer wieder zu schleppen. Das Anschließen von Geräten wie Waschmaschinen oder das Anbauen von Lampen steht auch noch an der Tagesordnung.

Als mobiler Mensch bin ich schon beinahe beim 30. Umzug angekommen. Und ich habe jeden einzelnen gehasst. Weil es immer eine Situation ist, in der man sich auf andere verlassen muss und sich nicht immer auf andere verlassen kann. Irgendwie ging es dann doch meistens gut, weil es nämlich doch Männer gab, auf die man sich verlassen konnte, die Transporter gefahren und Kisten geschleppt haben.

Dabei helfen so einige Fähigkeiten, die Männer in sich vereinen: Sie geben nicht auf, auch wenn es längst an der Zeit wäre. Sie spielen gern den rettenden Superhelden. Sie konkurrieren mit anderen Männern darum, wer schneller mehr Kram in den fünften Stock wuchten kann. Und so ist es selbst mit wenigen Helfern meist richtig schnell geschafft.

Und wenn dann noch fieses Werkzeug ins Spiel kommt – eines, das Dreck und Lärm macht –, geht es erst richtig los. Da werden Sachen gebohrt, Böden geschliffen und Möbel gebaut. Regale zurechtgesägt. Und alles, was er dafür will, ist ein Bier und ein bisschen weibliche Bewunderung. Super.

Bei meinem letzten Umzug hatte ich für einen Montag fünf Leute und einen Transporter organisiert. Die Schlüsselübergabe war allerdings schon am Donnerstag davor gewesen. Deshalb beschloss der Mann meines Herzens schon freitags, »ein paar Sachen« zu holen. Und das taten wir so lange – zu zweit und mit einem Kleinwagen –, bis alles in meiner neuen Wohnung angekommen war. Die fünf Leute konnten dann am Montag zum Kaffee vorbeikommen. Da standen schon die Bücherregale und auch sonst alles. Nur die Bilder hingen noch nicht an den Wänden. Alleine hätte ich wahrscheinlich mindestens drei Monate gebraucht und wahrscheinlich immer noch nicht gewusst, wo welche Möbelstücke hinsollten.

Aber zum Glück gibt's ja Männer, die sich gern richtig anstrengen, so dass alles ganz fix erledigt ist. Jedenfalls bis zum nächsten Umzug ...

»Anstrengungen machen gesund und stark.«
Martin Luther

Weil Männer Dinge machen, von denen sie keine Ahnung haben (natürlich ohne Gebrauchsanweisung)

Warum lange drüber reden? Anpacken! Das scheint der Leitspruch vieler Männer zu sein. Ob es um das neue Handy, das Zusammenbauen von IKEA-Möbeln oder Fahrrädern geht, die Gebrauchsanweisung wird ganz konsequent ignoriert. Weil echte Männer so etwas *nicht* brauchen. Auf gar keinen Fall. Das wäre ja ein Hochverrat an der Männer-Ehre. Manchmal macht Mann den Neuerwerb auch gleich mal kaputt, weil er lieber auf Kraft und rohe Gewalt setzt als aufs Studieren, wie's denn nun eigentlich funktioniert. Dass es mittlerweile eine Studie gibt, die nachgewiesen hat, dass sich Frauen beim Zusammenbauen von IKEA-Möbeln geschickter anstellen als Männer, scheint als Wink nicht auszureichen. Männer weigern sich trotzdem, einen Blick auf die Anleitung zu werfen, da ihre Fertigkeiten von Natur aus stets genial und perfekt sein müssen. Oder sie zumindest den Anschein dessen aufrechterhalten müssen.

Und so gibt es oftmals Desaster, weil aus Wut gerne mal die eine oder andere Pressspanplatte zerlegt wird oder ein Teil gegen 'ne Wand fliegt. Ich bin jedenfalls sehr froh darüber, dass sich mittlerweile das Klick-Laminat durchgesetzt hat und nicht mehr sorgfältig geklebt werden muss. In der Klebe-Version landeten schon so einige Platten im Müll, weil mein Ex der Meinung war, er wüsste, wie das geht, auch wenn es in der Anleitung ganz anders stand. Am Ende wurde der Boden des Wohnzimmers nie fertig und die teuren Boden-Elemente landeten in großen Mülltüten. Genau wie unsere Beziehung. Das lag natürlich – beides – nicht daran, dass er es falsch gemacht hatte. Seiner Meinung nach hätte er den Boden in jedem Fall zu Ende machen können. Irgendwann. Die Zeit fehlte ihm. Außerdem war das einfach »Scheiß-Laminat«. Schon klar.

»Es gibt mehr Leute, die kapitulieren,
als solche, die scheitern.«
HENRY FORD

Weil Männer so herrlich impulsiv sind (und sich dabei oft weh tun)

Manchmal wird ein Mann von der puren Leidenschaft gepackt. Manchmal muss alles raus: Wut, Lust, Aggression, es gibt keine Schranken und alles läuft ganz automatisch. Ohne dass er sich wehren könnte, sich wehren wollte oder überhaupt auf die Idee käme, dass das möglich wäre.

Gesehen habe ich vieles: zertretene Türen, zerschlagene Tische, gebrochene Knöchel, zertrümmertes Geschirr – alles mit lustigen Neandertaler-Lauten untermalt. Manchmal gefolgt von Worten, oft aber auch nicht.

Das liegt jetzt nicht unbedingt daran, dass ich eine stressige Freundin bin; zumindest ab und an haben auch andere Menschen oder ungünstige Umstände mit diesen Wutausbrüchen zu tun. Witzig finde ich immer die Kompromisslosigkeit, mit der unbedingt zugeschlagen oder getreten werden muss. Da denkt ein Mann offenbar nicht darüber nach, ob eine Wand nachgibt oder man sich womöglich verletzen oder böse weh tun könnte. Ob man eine zertretene Tür nicht für viel zu viel Geld ersetzen muss. Oder ob nicht ein Sandsack und 'ne Runde Laufen geeigneter wären, um mit den aufsteigenden Gefühlen umzugehen. Aber offenbar muss ein Mann manchmal tun, was ein Mann eben tun muss. Und hinterher beseitigt er die Folgen und erträgt die Schmerzen.

Die Impulsivität zeigt sich ja glücklicherweise nicht nur in destruktiver, sondern oft auch in leidenschaftlicher Form.

Und dabei muss sich keiner wehtun. Es muss auch nichts zu Bruch gehen. Wenn doch, hat sich das am Ende hoffentlich gelohnt.

»*Der Mensch braucht Drang, Spannung – ja.*«
Leo Tolstoi in ›Tagebücher‹

Weil Männer lange Autofahrten
lieber selbst übernehmen

Natürlich können die meisten Frauen (mal abgesehen von mir) mindestens genauso gut Auto fahren wie Männer. Mit Leichtigkeit. Und natürlich können die meisten Frauen (auch abgesehen von mir) ohne Schwierigkeiten lange Autofahrten bewältigen. Überhaupt kein Problem. Trotzdem ist so eine Fahrt ziemlich anstrengend. Und da Frauen sowieso ein stressiges Leben führen (mich eingeschlossen), wissen sie es sehr zu schätzen, wenn der Mann mal das Steuer übernimmt, damit sie sich ein bisschen entspannen können.

Und er hat endlich eine gute Ausrede dafür, sich auch mal wieder wie die Männer in den guten alten Zeiten bedienen zu lassen. Ohne Gewissensbisse. So kriegt er seine Wasserflasche oder seinen Energy-Drink aufgeschraubt und angereicht und seinen Schoko-Riegel ausgewickelt und direkt in den Mund gesteckt. Außerdem kann er selbst entscheiden: Wann es Zeit zum Tanken ist, wann die Kaffee- und Essenspausen beginnen und enden – er hat das alles ganz alleine in der Hand. Und kann sich somit voll auf seine archaische Rolle als Beschützer einlassen und die Verantwortung dafür übernehmen, dass sie sicher und wohlbehalten am Ziel ankommt. Selbst die Musik kann er aussuchen, ohne dass sie da groß reinredet. Er muss sich ja konzentrieren und wach bleiben. Sie betreut geduldig und voller Rücksicht den Navi und sucht nach anderen Radiosendern, wenn er Abwechslung braucht.

Nach der langen Fahrt hat er sich redlich eine etwas intensivere Zuwendung verdient, wenn er nicht vorher erschöpft einschläft. Wir dagegen sind auf jeden Fall entspannt und ausgeschlafen und können wichtige und schöne Dinge unternehmen.

»Die Aufgabe wechselt nicht nur von Mensch zu Mensch –
entsprechend der Einzigartigkeit der Person –, sondern auch
von Stunde zu Stunde, gemäß der Einmaligkeit jeder Situation.«
VIKTOR FRANKL

Weil Männer Werkzeuge bei sich haben oder sie aus irgendwelchen Utensilien bauen

Schon kleine Jungs lieben Filme und Serien, in denen richtig männliche Helden sich aus scheinbar ausweglosen Situationen befreien. MacGyver ist da ganz weit vorne. Der hat immer ein Schweizer Messer und Klebeband bei sich und baut dann alles, was er sonst noch braucht (Sprengkörper zum Beispiel) aus allem, was er so findet (Kleiderbügel, Salz, Spucke). Manchmal sogar, während er gefesselt in einer Höhle liegt oder in einem Kernkraftwerk eingesperrt ist. Am Ende findet er immer eine Lösung, egal, wie aussichtslos die Lage zuvor aussah. Er kriegt es immer wieder hin, genau wie Indiana Jones, das A-Team und all die Männer, die auf der Mattscheibe die Welt und die Menschheit retten. Und dazu rettet er oft noch eine arme, unfähig und hilflos vor sich hin kreischende Frau, die am Ende dankbar in die Arme ihres Helden sinkt. Der genießt die Dankbarkeit und reitet oder fährt in der Dunkelheit einsam davon, um dann die Erde oder die Foundation für Recht und Verfassung ein weiteres Mal vor dem Untergang zu bewahren.

Und unsere Männer wollen genau wie ihre Leinwandidole auch für jede Situation gewappnet sein. Das erfordert eine gewisse Vorbereitung, indem man sich mit den passenden Utensilien auf den Weg in die große weite Welt macht. Für manch einen reicht da ein cooles windfestes Feuerzeug, andere zaubern ausgeklügelte Taschenmesser in der Luxusvariante hervor. In jedem Fall gibt es immer Tools, mit denen man uns behilflich sein kann, wenn alles aus den Fugen gerät. So werden Flaschen und Türen geöffnet, Fahrräder repariert und Verfolger todesmutig in die Flucht geschlagen. Eventuell sind sie auch darauf vorbereitet, dass die bösen Killer-Aliens plötzlich angreifen.

Und weil die Herren der Schöpfung so gut ausgerüstet sind, können wir unsere Handtaschen mit den wirklich wichtigen Dingen füllen, die sich nicht so leicht ersetzen lassen. Dazu gehören zum Beispiel Kondome. Die kriegen Männer nämlich selten aus anderen Utensilien zusammengebastelt. Schade eigentlich.

»Ständig zu neuen Dummheiten fähig zu sein,
wird allzu häufig für Einfallsreichtum gehalten.«
GREGOR BRAND

Weil Männer uns auf Händen tragen

Die meisten von uns Frauen sind im Herzen Prinzessinnen, die auf Händen getragen werden wollen. Und da glücklicherweise Männer zwischendurch gern den edlen Ritter spielen, passt das eigentlich ganz gut. Viele von uns wollen dies allerdings nicht zugeben. Ich zum Beispiel. Ich kann nämlich fast alles alleine. Aber trotzdem begeistert es mich, wenn ein Mann die Initiative ergreift. Wenn ein Mann den Gentleman in sich entdeckt und sich alleine um alles kümmert, wenigstens einen Abend lang. Und wenn er am Ende dieses Abends das Auf-Händen-Tragen auch mal ganz wörtlich nimmt.

Wenn ein Paar sich entschließt zu heiraten, gehört es ebenfalls dazu, dass er sie nach der Hochzeit über die Schwelle trägt. Das soll als Ritual zum einen dafür sorgen, dass die bösen Kobolde, die zwischen den Türritzen wohnen, die Spur der Braut verlieren. Zum anderen soll es demonstrieren, dass der Bräutigam die nötige Manneskraft besitzt, um seiner Angetrauten Schutz zu bieten. In einem Internet-Forum zum Thema Hochzeiten analysierten zukünftige Bräute lang und breit, ob ihr Zukünftiger es denn schaffen würde, sie zu tragen, auch wenn er »kein Herkules« wäre. Selbst wenn sie bis dahin noch fünf Kilo abnehmen würden, könnten sie wohl »kein Fliegengewicht« mehr werden, sorgten sie sich.

Während die Ladys seitenlang darüber diskutieren, ob sie es wollen, ob er es kann und was es bedeutet, wird immer wieder deutlich, wie schön die meisten Frauen es finden, auf den Händen und auch sonst getragen zu werden. Wie sehr sie davon träumen.

Und ist das nicht auch die Highlight-Szene des Filmes »Dirty Dancing«, in der Baby beim Tanz über Johnny schwebt und dabei von seinen starken Armen gehalten wird? Danach sehnen sich auch die Nicht-Tänzerinnen unter uns. Selbst die, die »Dirty Dancing« ziemlich bescheuert finden, wie ich zum Beispiel.

»Ist eine Dame, die sich nicht als Dame benimmt,
weiterhin als Dame zu behandeln? Die Frage muss leider
bejaht werden. Erst die Selbstüberwindung macht den Gentleman.«
STEPHAN REIMERTZ

Weil Männer nach dem IKEA-Einkauf alles ins Auto kriegen

Ich persönlich unterteile IKEA-Einkäufe in zwei Phasen. In der ersten hat man 'ne Menge Spaß, man schlendert durch die Abteilung, riecht an Duftkerzen, inspiziert Zimmerpflanzen und sucht sich Möbel aus, die in die überdimensionale, mehrgeschossige Traumwohnung am Strand passen würden. Von den niedlichen Kindermöbeln, die man leider absolut nicht gebrauchen kann, lässt man sich auch zu Träumereien hinreißen. Dann findet man perfekte Geschenke für die kleine Schwester des Boyfriends, die tolle beste Freundin und natürlich für sich selbst. Nach und nach packt man dann Sachen in den Wagen und freut sich schon aufs Auspacken zu Hause. Wenn da nur nicht der Weg dazwischen wäre. Und der beginnt damit, dass alle Sachen in einem Auto verstaut werden müssen (die lustige Idee, mit dem Bus zu fahren und dabei die »paar Sachen« in Taschen zu tragen, habe ich mittlerweile verworfen). Und das ist oft ein stressiges Desaster. Weil die Sachen zu groß, zu breit, zu zerbrechlich, zu empfindlich sind. Oder schlicht und einfach zu viel für die alte Karre.

Gut ist, wenn es dann einen Mann gibt, der Ordnung in das Chaos bringt. Und vor allem gekonnt alle Sachen ins Auto reinbekommt. Zum Teil mit abenteuerlich offenen Verdecken oder Hauben und Klebe- und Knotkonstruktionen. Aber am Ende ist alles drin, sogar die Zimmerpflanzen, und es kann losgehen mit der Fahrt nach Hause. Selbst wenn jetzt nur noch er reinpasst und wir mit dem Bus nach Hause müssen, ist das eine sehr viel angenehmere Lösung, als bei IKEA gleich wieder vom Parkplatz reinzugehen und die Hälfte der sorgfältig ausgesuchten Sachen zurückzugeben.

Und wenn er die Kisten dann noch in die Wohnung schleppt – wir nehmen die Teelichter und die Plätzchen –, ist das natürlich eine große Hilfe. Dass wir beim Zusammenschrauben den kleinen Baumeister lieber unauffällig im Auge behalten und ihn eifrig unterstützen, haben wir ja schon bei Grund Nr. 80 gelernt. So funktioniert die geschlechtsbezogene Arbeitsteilung am besten.

> *»Teams können nur dann Synergieeffekte erzielen,*
> *wenn sie zu Selbstkritik fähig sind.«*
> DIETER FREY

Weil Männer uns Dinge basteln oder bauen

Kleinen Kindern wird ja oft erzählt, dass selbst gemachte Geschenke viel mehr wert sind als die im Laden gekauften. Die Erwachsenen erfreuen sich überirdisch an gemalten Kritzel-Bildern, gebastelten Papp-Tieren und gepflückten Blümchen, die ihre Köpfchen schon wieder hängen lassen. Im Physik-Unterricht ist für die eine oder andere die erfolgreich hergestellte Lochkamera das einzige technikinspirierte Erfolgserlebnis der Schulkarriere. Männer erschaffen hingegen gerne etwas mit ihren Händen. Manchmal macht es ihnen noch mehr Spaß, es hinterher wieder kaputt zu machen, aber auf jeden Fall bauen sie erst mal.

Und dann sind sie stolz wie Oskar. Vor allem, wenn sie eine Lösung für ein scheinbar unlösbares Problem gefunden haben. Zum Beispiel bei der Frage, wie man die viel zu breite Spülmaschine doch noch in der genau angepassten Einbauküche unterbringen kann. Was mit Bauklötzen und Legos anfängt, endet irgendwann mit einer selbst konstruierten Wiege für den Nachwuchs, dem Baumhaus in schwindelerregender Höhe oder dem Frisieren des Luxuswagens. Wenn es so weit kommt. Bei anderen bleibt der Ehrgeiz nämlich in bescheidenerem Rahmen und beschränkt sich auf den Zusammenbau einer Stehlampe beispielsweise. Aber auch selbst repariert ist manchmal schon fast so viel wert wie selbst gebastelt.

Einer meiner besonders geschätzten Exfreunde hat einmal, als ich für ein Wochenende weg war, meine ganze Wohnung auf den Kopf gestellt. Neben neuen Pflanzen, Lampen und Regalen fand ich auch ein selbst gemaltes Bild in meinem Schlafzimmer, als ich wieder nach Hause kam. Das war eine tolle Überraschung, die mir nicht nur zeigte, dass er mich vermisst hatte, sondern auch, dass er bereit war, etwas für mich zu tun. Mit seinen eigenen Händen. Ohne dass er viel davon gehabt hätte. Ein wunderbarer Liebesbeweis.

Aber was Männer sowohl im Alter als auch in der Jugend noch lieber bauen als Möbel und Spielsachen, sind fantastische Luftschlösser. Schöne Vorstellungen und Fantasien schaffen manchmal sogar ein stabileres Fundament als ein Billy-Regal. Erst recht, wenn sie geteilt werden. Und sie lassen sich veränderten Umständen auch leicht anpassen, ohne dass man dafür irgendetwas zerstören müsste.

» Wer mit Traumsand Luftschlösser baut,
ist ein Baumeister der Fantasie.«
ERHARD H. BELLERMANN

Weil Männer unsere Reste aufessen

Egal, wie wir aufgewachsen sind, den meisten von uns wurde ein schlechtes Gewissen verpasst, wenn wir unser Essen nicht aufaßen. Mit Glück nur das auf unserem Teller, mit weniger Glück musste alles vertilgt werden, was gekocht worden war. Wenn wir das nicht wollten oder schafften, wurden wir für das schlechte Wetter am Folgetag verantwortlich gemacht, für hungernde Kinder in Indien oder für einen schweren Schnitzer in unserer Karma- oder Sünden-Bilanz. Einige Frauen müssen als Erwachsene erst lernen, dass sie ihren Teller nicht leeren müssen, ohne dass die Welt untergeht. Doch selbst dann bleibt da ein schlechtes Gefühl, wenn potenzielle Nahrung in den Müll wandert.

Nun könnten wir Frauen entweder selbst die letzten Kroketten in uns reinstopfen und uns danach schrecklich fühlen oder wir könnten diesen Job einfach unserem charmanten und hungrigen Begleiter überlassen. Und dabei hilft uns eine gewisse Männerlogik: Da Männer sich für harte Arbeiter halten, möchten sie sich auch massiv und männlich ernähren. Dazu gehören ein gesunder Appetit und die Fähigkeit, Berge von Essen in sich reinzustopfen. Mit solchen Überzeugungen sind zumindest in meiner süddeutschen Heimat die Jungs aufgewachsen.

Aber auch in anderen deutschen Regionen scheint Vielessen eine Männersportart zu sein. Von Wettessen in Mädchencliquen habe ich bisher jedenfalls deutschlandweit noch nie gehört. Bei Jungen scheint das hingegen zum Standardprogramm zu gehören.

Als ich noch jünger war, übernahm mein großer Bruder den Job des Restevertilgers für die ganze Familie und er wurde dann permanent für seinen gesunden Appetit gelobt. Das ersparte mir, an den fränkischen Riesenportionen von fettiger Hausmannskost zu ersticken, und sorgte dafür, dass mein Bruder noch größer und noch stärker wurde. Ein Wunder, dass er bis heute eine sportliche Figur hat und kein Monstrum geworden ist.

Ich bin immer wieder froh, wenn ich im Restaurant meinen Teller meinem Freund zuschieben kann. So bleibt nämlich noch Platz für ein leckeres Dessert, das ich dann nicht mehr teilen muss. Und obwohl ich nicht selbst aufesse, wird das Wetter gut, die armen Kinder können überleben und meine Seele ist gerettet. Was für eine Erleichterung!

»*Essen und Beischlaf sind die beiden großen*
Begierden des Mannes.«
KONFUZIUS

Weil Männer sich auch mit ihren besten Freunden schlagen und sich danach wieder verstehen

Man muss zugeben, dass Männer es mit der Kommunikation nicht wirklich immer draufhaben. Mit dem Sich-Öffnen, Über-Gefühle-Reden, Sich-selbst-Verzeihen und Um-Verzeihung-Bitten. Trotzdem kriegen sie es irgendwie hin, ihre Sachen untereinander zu klären. Auch nach den schlimmsten Fehltritten. Das wird auf eine richtig männliche Art geregelt. Zum Beispiel, indem sie sich einfach mal prügeln. Kommt in den besten Herrenrunden vor und wird anschließend ganz schnell wieder verziehen. Nachtragend sein ist nicht. Und das ist gut so.

So eine Männerfreundschaft verträgt einen heftigen linken Haken. Und vielleicht auch noch einen rechten. Und auf diese brachiale Art wird die Ordnung wiederhergestellt, wenn der eine die Frau des anderen angebaggert oder ein anderes eigentlich unverzeihliches Ereignis stattgefunden hat. Oder wenn auch nur unter Alkoholeinfluss ein paar blöde Sprüche gefallen sind. Passiert ja manchmal ganz schnell. Nach einer Portion Prügel ist alles wieder gut. Außerdem ist dann wieder eine Rudelordnung klar, schließlich gewinnt ja einer von beiden. Das ist wie bei anderen Rudeltieren. Ab und an muss deutlich gemacht werden, wer das Sagen hat. Und wenn der Kampf vorbei ist, wird die Rangordnung erst mal einfach so akzeptiert.

Schön simpel und effektiv diese Methode der Männer. Nicht dass ich der Meinung wäre, wir Frauen sollten unsere Meinungsverschiedenheiten auch mal handgreiflich austragen, aber es täte uns sicher gut, öfter Ventile für die Wut und Verärgerung zu finden, die wir mit uns herumtragen. Spucken ist manchmal einfach gesünder als Schlucken.

» Wenn du Lust hast, jemanden vor den Kopf zu stoßen, suche dir für den Zeitvertreib nicht gerade deine Freunde aus. «
BRIEF VON WILHELM LIEBKNECHT AN KARL MARX

KAPITEL NEUN

SCHNACKER

*»Man braucht zwei Jahre,
um sprechen zu lernen, und fünfzig,
um schweigen zu lernen.«*
ERNEST HEMINGWAY

Weil Männer keine guten Lügner sind

Männer sind einfach gestrickt. Und damit leicht zu durchschauen. Im Allgemeinen lügen sie häufig, sind dabei aber nur selten besonders überzeugend. Deswegen fliegen sie auch ständig auf. Wie wenn sie sagen, dass sie nur ein einziges kleines Bier getrunken hätten, wonach sie aber lallend nach Hause getaumelt sind. Oder wenn sie sagen, dass sie bei der Weihnachtsfeier auf keinen Fall mit der heißen Praktikantin flirten würden. Oder dass sie genau wissen, wann sie Geburtstag hat und wie und wann sie und er sich damals zum ersten Mal gesehen haben. Und was sie dabei anhatte. Aber da Männer vor dem Reden oft nicht nachdenken, verstricken sie sich auf Nachfragen gerne in Widersprüche. Und wenn ihm das selbst auffällt, wird er lieber patzig, als dass er sich entschuldigen und etwas beichten würde. Aber in jedem Fall wissen wir dann schon mal darüber Bescheid, dass er geflunkert hat. Warum auch immer.

Eine gute Freundin von mir ist mal auf ein besonderes Exemplar der Gattung Mann hereingefallen und ihre Erlebnisse mit ihm illustrieren die übelste Seite der männlichen Lügenkunst ganz hervorragend. Der Held, der auch in ihrer Firma arbeitete, bestand darauf, dass das sich entwickelnde Techtelmechtel am Arbeitsplatz streng geheim gehalten wurde. Angeblich wegen seiner Bedenken, dass eine öffentliche Beziehung unter Kollegen sich auf seine berufliche Situation negativ auswirken könnte. Auf ihre schließlich auch, er wollte ja auf keinen Fall, dass sie wegen ihm leiden müsste. Dass er diesen Deal mit ungefähr der Hälfte der weiblichen Belegschaft der Firma hatte, stellte sich leider erst nach ein paar Monaten heraus. In der Zwischenzeit wunderte sie sich über wechselnde Kondome in einer Box neben seinem Bett, zwischen ihren Besuchen – »Keine Ahnung, warum das ein anderes ist. Vielleicht hab ich's ja ausgetauscht, weil das andere abgelaufen war.« Kurz nachdem er mit seinen Frauengeschichten aufgeflogen war, verlor er seinen Job. Da hatte er nämlich ebenfalls Scheiße gebaut. Das Gerüst der gelogenen Verstrickungen fiel in kürzester Zeit komplett in sich zusammen. Und unter den Frauen gab es nach einer Verdauungsphase viele neue Freundschaften. Die Lügner mag ja schließlich keiner und da gab es dann auch reichlich Gesprächsstoff.

Sieht man ja an Boris Becker, dass Lügner unbeliebt sind. Ein Wunder, dass er immer wieder eine Dumme findet, die denkt, er würde jetzt damit aufhören. Am Ende kommt aber stets die Wahrheit ans Licht.

»Vertrauen ist das Gefühl, einem Menschen sogar
dann glauben zu können, wenn man weiß,
dass man an seiner Stelle lügen würde.«
HENRY LOUIS MENCKEN

Weil Männer in Frauenrunden
ein tolles Thema sind

Wenn Frauen zusammenkommen, wird unweigerlich ziemlich viel geredet. Egal, ob dabei ein Film läuft, ob ein Theaterstück aufgeführt wird oder jemand eine Rede hält. Es gibt immer Wichtiges zu erzählen und zu diskutieren. Wir müssen uns einfach artikulieren. Vielleicht weil wir im Kontakt zu Männern so selten dürfen. Unter Frauen sind endlose Gespräche angesagt.

Und wenn wir über die wirklich wichtigen Dinge geredet haben (Politik, Familie, Bildung, Beruf), kommen eben auch die Männer dran. Und das macht dann oft richtig Spaß. Weil die Prinzen sich im Grunde oft so ähnlich sind oder sich so ähnlich verhalten, dass wir mit ihnen die gleichen skurrilen Erfahrungen machen. Und schon haben wir Geschichten, über die wir stundenlang gemeinsam lachen können. Und es ist dann immer wieder tröstlich zu hören, dass auch die anderen kein Traummodell an ihrer Seite haben, sondern sich über komisch zerquetschte Zahnpastatuben und das Wildpinkeln direkt nach einem Restaurantbesuch (mit funktionierender Toilette) ärgern. Oder sie sind auf seltsame Heftchen oder Videos gestoßen, die sie lieber nicht gesehen hätten.

Gäbe es die Männer nicht, hätten wir uns in jedem Fall viel weniger zu erzählen und unsere Gespräche wären dann auch lange nicht so lustig. Und so verbindend. Zum Beispiel, wenn es um intime Themen geht. Darum, wie er seinen Schwanz nennt oder was er beim Sex sagt. Wie sein

Gesicht aussieht, wenn er kommt. Und um die Frage, mit wem wir gerne schlafen würden, wenn wir nicht so glücklich vergeben wären. Oder um die Männer, die wir vor dem aktuellen gekannt haben, die wir unseren Männern gegenüber aber aus Rücksicht nicht erwähnen. Weil sie schöner, reicher oder größer waren und uns auch viele Freuden bereitet haben.

Mit einer meiner engsten Freundinnen rede ich gerne darüber, was all die Männer, die mir in meinem Leben begegnet sind, gemeinsam haben. Und sie quatscht über ihre Männer. Da treten oft erstaunliche Parallelen hervor, auf die man von selbst so gar nicht gekommen wäre. Und da merkt man dann auch, wie man sich von Partner zu Partner verändert hat. Oder wem man lieber eine Chance hätte geben sollen, weil derjenige eigentlich perfekt für einen war, obwohl man es damals nicht geschnallt hat. Und so entstehen die größten Erkenntnisse über das eigene Leben und das Leben der anderen. Ob die dann zu einer Veränderung und ob diese Veränderung zu einem Erfolg führt, wird beim nächsten Mal besprochen. Vor allem natürlich, ob *er* sich verändert hat. Oder einfach ausgetauscht wurde.

»*Die gewöhnlichen Gegenstände unseres Gesprächs,
besonders wenn beide Geschlechter sich in Gesellschaft
vereinigen, sind teils einförmig, teils geringfügig:
Und der Gelegenheit zu lernen gibt es darin nur wenige.*«
CHRISTIAN GARVE IN ›ÜBER GESELLSCHAFT UND EINSAMKEIT‹

Weil Männer klare Botschaften senden – die wir gerne uminterpretieren

Frauen denken gerne viel nach. Manchmal viel zu viel. Zum Beispiel, wenn sie versuchen zu interpretieren, warum ein Mann sich so und so verhält. Warum er nach einem tollen Date nicht anruft. Warum er nach dem ersten Sex nicht anruft. Warum er überhaupt noch nie angerufen hat. Warum er nicht gleich Verlobungsringe kauft. Da hab ich schon die interessantesten Ideen gehört. Ganz weit vorne ist dabei, dass er Angst vor Nähe haben könnte und nur Zeit braucht.

Oder dass er die Betreffende so perfekt findet, dass er Angst hat, von ihr verletzt zu werden. Dass er ein moderner Mann ist und gerne von ihr angerufen / aufgefordert / verführt werden möchte. Dass er eine übergriffige Mutter hat und deswegen von ihrer Stärke eingeschüchtert ist. Dass er seinen Ödipuskomplex noch nicht überwunden hat. Dass er gerade total beschäftigt ist und sich nach der stressigen Phase voll auf sie konzentrieren will. Oder dass er gerade leidet, weil seine Ex ihn so verletzt hat. Dass er die Nummer bestimmt nicht lesen konnte, weil ihre Siebener wie Einser aussehen.

Oder, oder, oder. Auf die nächstliegende Idee, nämlich dass er einfach kein Interesse haben könnte, kommen wir oft nicht. Zumindest nicht, wenn wir uns keinen Kopf darüber machen wollen, ob irgendetwas an uns vielleicht falsch ist, dass er sich nicht mit Haut und Haaren in eine Beziehung mit uns stürzt.

Und selbst wenn wir eine Beziehung haben, können wir manchmal nicht damit umgehen, dass Männer einfach sagen, was sie wollen (und was sie nicht ertragen können), ohne dass Ratespielchen nötig werden. Wir raten trotzdem, interpretieren, analysieren, spannen dabei unsere Freundinnen und die Mutter mit ein und holen uns vielleicht sogar noch eine fremde männliche Perspektive. Oder den ultimativen Tipp aus der Psychologie-Zeitschrift. Jede Interpretation kann da mehr zählen als die Aussagen unseres Partners. Aber so wird es leider unmöglich, ihn wirklich zu verstehen. Wenn das unser Ziel ist, sollten wir ihn einfach öfter mal ganz direkt fragen.

»Nein, gerade Tatsachen gibt es nicht, nur Interpretationen.
Wir können kein Faktum ›an sich‹ feststellen: vielleicht ist es ein
Unsinn, so etwas zu wollen. ›Es ist alles subjektiv‹, sagt ihr:
aber schon das ist Auslegung, das ›Subjekt‹ ist nichts Gegebenes,
sondern etwas Hinzu-Erdichtetes, Dahinter-Gestecktes.«
FIEDRICH NIETZSCHE

Weil Männer nicht grübeln, sondern tun

Während wir uns oft endlos den Kopf darüber zerbrechen, wie etwas funktionieren könnte, ob es überhaupt Sinn macht, es zu versuchen, was wäre, wenn es schiefgeht, wie man das Scheitern verhindern kann und wen man als Berater einspannen könnte, packen Männer oft einfach mal an. Nutzen die Kreissäge, ohne die Anleitung zu lesen, und gehen das Risiko ein, dass dabei mehr zersägt wird als beabsichtigt. Der Kollateralschaden wird also in Kauf genommen, aber als Ergebnis gibt es oft genug etwas Positives. Zumindest geht nicht immer alles komplett schief. Oder vielleicht muss er sich tatsächlich einen Fehler eingestehen, aus dem man aber etwas lernen kann. Oder sollte.

Deswegen die waghalsigen Aktien-Investments, die irrsinnigen Firmengründungen und die sinnlosen Erfindungen, mit denen sich am Ende doch so einige Millionen verdienen lassen. Manchmal klappt es eben, manchmal klappt es nicht, aber Mann hat es zumindest ausprobiert. Praktisch und mit voller Kraft voraus. Natürlich grenzen diese Versuche bisweilen an Wahnsinn, aber nur so wird ja der Rahmen der Möglichkeiten erweitert.

Auch wenn es um Zwischenmenschliches geht, ist die »Einfach anpacken«-Strategie manchmal ganz gut. Während man sich nämlich ewig überlegen könnte, ob es Sinn machen würde, mit dieser oder jener Person etwas anzufangen, legt sich so mancher Mann einfach ins Zeug und zeigt ihr, dass er sie will. Und mit dem richtigen Maß an Aktionismus und Durchhaltevermögen hat mich schon so mancher von sich überzeugen können, der allein aus theoretischen Überlegungen nicht unbedingt in mein Beuteschema gepasst hätte. Taten überzeugen manchmal einfach viel mehr als Argumente.

»Ich denk über dies, denk über das nach, denk über Liebe,
denk über Hass nach, denk einfach nach, wie es ist und
warum's so ist. Du denkst leider niemals nach,
und das beweist, wie dumm du bist.«
SAMY DELUXE IN ›DENK‹

Weil Männer uns einfach reden lassen

Manchmal wache ich morgens auf und möchte reden. Über meine Träume, meine Pläne, über das, was ich gerade fühle, was ich gern essen würde und wie ich die Welt verändern will. Über meine neuesten Erkenntnisse und meine Annahmen über die Probleme der Welt und wie man sie womöglich lösen könnte. An solchen Tagen bringt mich mein erster Kaffee erst richtig in Fahrt. Also will ich vormittags noch mehr reden. Über meine Kindheit, meine Familie, das Sexleben meiner Freundinnen, die Nachbarn und den einen Werbespot, den ich so schrecklich finde. Im Verlauf des Tages fallen mir dann noch andere Themen ein. Und Wort- und Gedichtkreationen, für die ich dringend Feedback brauche. Menschen, deren Verhalten ich analysieren will.

Wenn ich an so einem Tag alleine aufwache, fange ich ziemlich früh an, mit Freunden, Familienmitgliedern und alten und neuen Bekannten zu telefonieren oder zumindest zu chatten. Oft beides gleichzeitig. Wenn ich mit einem Mann aufwache, muss er allerdings ganz alleine ran. Meistens mögen sie es ja nicht, wenn man sich auch in ihrer Anwesenheit mit anderen beschäftigt. Also bleibt er der Fokus und hört zu. Lange. Und ich bin sehr dankbar dafür, dass er es mitmacht. Dass er mich weder mit Fragen bombardiert, die mich im Redefluss unterbrechen, noch mir den Mund verbietet und auch nicht gleich flieht. Die guten Männer lassen mich einfach reden und sind wie ein Fels. Dafür erwarte ich noch nicht einmal, dass sie genau zuhören, aber manchmal muss einfach alles raus.

Dann gibt es auch Zeiten, in denen ich schreibe und – auch das kommt vor – gar nicht so gern rede. Da verbringen wir den Abend mit Rotwein und Filmen, ganz ohne anstrengende Gespräche. Wobei mein Freund immer irritiert ist, wenn ich ihn morgens nicht vollquatsche. Beunruhigt fängt er an, lustiges Zeug zu brabbeln, und kann gar nicht aufhören zu fragen, ob irgendwas nicht stimme und er etwas für mich tun könne. Dieser Zustand ist für ihn viel schwerer zu ertragen als mein ungebremster Redefluss.

»*Die Engel sind populär geworden, weil sie so andächtig zuhören und rein nichts verstehen.*«
BILLY IN ›WIR KLEINDENKER‹

Weil Männer über Kritik nachdenken, auch wenn sie im ersten Moment alles von sich weisen

Manchmal fällt uns Frauen etwas an einem Mann auf, das er vielleicht besser machen könnte. Vielleicht sogar etwas sehr Uncooles, das er sich angewöhnt hat und immer wieder tut. Und wenn wir ihm unsere Beobachtung mitteilen, können wir ziemlich sicher sein, dass der Durchschnittsmann jede Kritik erst mal ganz empört von sich weist. Uns sagt, dass wir zu empfindlich, zu zickig, zu uncool seien. Oder, noch schlimmer, genau wie seine Mutter. Je beleidigender der Mann meckert, desto sicherer können wir uns eigentlich sein, dass unsere Kritik berechtigt ist und er das auch ganz genau weiß. Er ist beleidigt, weil wir einen wunden Punkt getroffen haben. Und wenn er kein Teenager mehr ist, wird er das früher oder später sogar zugeben. Zumindest vor sich selbst – heimlich, still und leise. Und dann wird er sich Mühe geben. Oder Blumen kaufen. Und vielleicht sogar vorschlagen, mit ihr ins Theater zu gehen.

Am witzigsten ist es immer dann, wenn Männer das, was sie vorgeschlagen hat, plötzlich als ihre eigene Idee präsentieren: »Du, ich hab mir überlegt, ich sollte wieder mit Sport anfangen«, oder »Ich glaube, ich sollte nicht mehr so oft nach der Arbeit mit Kollegen losziehen. Wär ja auch schön, mal ein bisschen mehr Zeit mit dir zu verbringen«. Und selbst, wenn es so verlockend ist, darauf mit einem »Das sag ich dir doch die ganze Zeit!« zu reagieren, sollte das unter allen Umständen vermieden werden. Dann wäre es nämlich vorbei mit seiner großen Erkenntnis. Wenn wir ihn dagegen begeistert zu seiner bahnbrechend neuen Eingebung beglückwünschen, kann er irgendwie dabei bleiben und sich weiterhin einreden, er hätte selbst für sich entschieden, wie sein Leben ab jetzt besser werden wird.

»Lieber von den Richtigen kritisiert
als von den Falschen gelobt werden.«
GERHARD KOCHER IN ›VORSICHT, MEDIZIN!‹

Weil Männer nie zu viel über Beziehungsprobleme reden wollen

Beziehungen bedeuten Arbeit. Leider laufen sie nicht von alleine so perfekt, dass man von »Sie lebten glücklich bis ans Ende ihrer Tage« sprechen könnte. Deswegen hören die Märchen da auf, wo zwei sich finden, und beschreiben nicht, wie ihr Leben von da an aussieht. Danach kommen zwar das Zusammenwachsen und viele gemeinsame Höhepunkte, aber eben auch die großen Herausforderungen. Sobald man sich besser kennenlernt und mehr Verantwortung füreinander trägt, ist die rosarote Brille kein treuer Begleiter mehr.

Und darüber muss man dann leider auch reden. Immer wieder. Ein heilsamer Prozess. Aber wahnsinnig anstrengend. Dabei möchte man lieber alles hinschmeißen und damit aufhören. Aber man weiß natürlich, dass man in der nächsten Beziehung an genau den gleichen Punkt kommen würde und es daher auch gleich regeln kann. Wenn man sich dazu in der Lage fühlt. Daher ist es gut, dass wir Frauen ganz alleine entscheiden, wann diese Gespräche geführt werden. Männer vermeiden sie nämlich lieber. Komplett. Deshalb fangen sie auch nie von selbst damit an. Also haben wir Frauen die Wahl. Und wenn wir unsere Ruhe wollen, haben wir unsere Ruhe. Männer wollen nie zu viel über Beziehungsprobleme reden und das macht das Leben mit ihnen sehr viel einfacher. Und uns viel mächtiger. Denn wenn wir ein Thema nicht auf den Tisch bringen wollen, bleibt das sicherlich unangesprochen. Vielleicht ist das auch

der Grund dafür, dass weibliche Seitensprünge so viel seltener auffliegen. Und auch die vielen Kuckuckskinder. Das
sind ja nach Schätzungen zwischen zehn und zwanzig Prozent. Und die Männer sind so harmoniebedürftig, dass sie
niemals darüber sprechen wollen. Wie praktisch.

»*Eine vielsagende Arbeitsteilung:*
Die einen haben das Sagen – die anderen das Schweigen.«
Ernst Ferstl in ›Unter der Oberfläche‹

Weil Männer nie mit »Ja« antworten, wenn wir sie fragen, ob wir dick oder alt geworden sind

Entgegen dem Anschein gibt es ein paar Dinge, die Männer in den letzten Jahrzehnten gelernt haben. Auch beim Umgang mit Frauen. Dazu gehört, dass sie mittlerweile wissen, bei welchen Themen man vorsichtig sein muss. Wo also die wunden Punkte liegen, bei denen sie empfindlich ist und wo noch nicht mal ein Spaß besonders witzig erscheint. Dazu gehören ihre Figur und ihr Aussehen. Und das Thema mit dem Alter, das ja früher oder später auch eine Rolle spielt. Und wenn sie schon bei ihm nachfragt, ob alles im grünen Bereich ist, liegt das höchstwahrscheinlich nicht daran, dass sie sich schön findet. Eher daran, dass sie schon viel zu lange kein Kompliment mehr bekommen hat. Und dann ist es seine Aufgabe, ihr wieder ein gutes Gefühl zu geben. Mit großer Wahrscheinlichkeit weiß er das und tut genau das, was gut für sie ist. Und damit auch für ihn.

Viele Männer kennen das Geheimnis, mit dem sich Frauen in ein zufrieden schnurrendes Kätzchen oder auch in eine wilde Gepardin verwandeln lassen. Überschüttet er sie überzeugend mit großen Komplimenten, wird sie nach und nach immer sicherer und kann es gar nicht mehr erwarten, ihm all ihre wunderschönen Seiten zu zeigen und die gemeinsame Zeit intensiv zu genießen.

> »Richtig verheiratet ist der Mann erst dann,
> wenn er jedes Wort versteht, das seine Frau nicht gesagt hat.«
> ALFRED HITCHCOCK

Weil Männer nur »Ich liebe dich« sagen, wenn sie es auch so meinen

Es fällt vielen Männern ja wahnsinnig schwer, Gefühle zu zeigen. Und wenn sie es versuchen, dann meist eher mit Taten. Gefühle in Worte zu packen, ist da schon eine besonders große Herausforderung. Doch da gibt es diesen einen großen Satz, den wir unbedingt hören wollen, der Männern aber meistens gar nicht so leicht über die Lippen kommt. Das macht ihn allerdings umso wertvoller, wenn er letztendlich doch ausgesprochen wird. Wenn er »Ich liebe dich« sagt, dann meint er das auch. Genau so, wie er es gesagt hat. Dann gibt es nichts mehr nachzufragen (wie Claudia Effenberg das in ihrer gefloppten Reality-Soap permanent mit »Wie sehr liebst du mich?« macht und ihren Stefan dabei ganz schön nervt). Ist der Satz raus, sind die Spielchen vorbei. Dann ist es (ihm) ernst. Und wir können uns ein bisschen entspannen, er hat sich nämlich ganz klar für uns entschieden. Eigentlich wichtiger als ein Heiratsantrag, den machen Männer nämlich oft aus weniger löblichen Gründen.

Was ich besonders schön finde, sind die Momente, die Männer sich aussuchen, um diesen großen Satz zum ersten Mal auszusprechen. Bei einem meiner Partner war das der Weihnachtsabend. Nachdem wir den anstrengenden Pflichtteil mit seinen Eltern hinter uns gebracht hatten und von Wein und Verdauungsschnäpschen geplättet im Gästezimmer ins Bett geplumpst waren, hielt er plötzlich meine Hand und kündigte an, das er mir noch etwas sagen wollte. Etwas, das er schon so lange hatte sagen wollen, aber bisher nicht über die Lippen gebracht hatte. Und dann kam der Satz und ich wusste ganz genau, dass es nicht nur Worte waren. Dann hätte er es mir schon längst einfach mal so ins Ohr geflüstert. Für ihn bedeutete es etwas, so einen Satz zu sagen. Und weil es ihm mit seiner Liebe so ernst war, bleibt bei mir auch ein Platz für ihn in meinem Herzen, selbst wenn wir kein Paar mehr sind. Und das gilt für all die wunderbaren Männer, die sich bisher getraut haben, ihre ganz besonderen Gefühle zu zeigen.

»Das Glück ist die Liebe, die Lieb' ist das Glück,
Ich hab' es gesagt und nehm's nicht zurück.«
ADELBERT VON CHAMISSO IN ›FRAUENLIEBE UND LEBEN‹

GRUND NR. 98

Weil Männer gerne allen die Welt erklären –
ob es jemanden interessiert oder nicht

Außerhalb der intimen Zweisamkeit einer Paarsituation haben Männer manchmal einen Rededrang, der kaum oder auch gar nicht zu stoppen ist. Auf Partys oder bei Abendessen mit Freunden oder, noch schlimmer, mit Business-Kontakten und Kollegen. Da wird der Schwanzvergleich auf das Wissen über Sachthemen übertragen. Und der Konkurrenzkampf heißt dann plötzlich: »Wer kann die längsten und lautesten Vorträge halten?«

Interessanterweise waren die Themen solcher Vorträge für mich meist komplett uninteressant. Oft auch für alle anderen Anwesenden. Denn wenn ich etwas über die Rendite von Rentenversicherungen wissen will, gehe ich lieber zur Verbraucherzentrale. Auch die Theorien über Asteroiden tangieren mich nur peripher, vor allem, wenn sie von Laien erklärt werden. Doch die Jungs reden und reden, keiner macht was dagegen.

Andererseits ist es ja schön, wenn die Männer auch mal etwas haben, worüber sie gerne sprechen. Und sei es die Frage, ob die Erderwärmung mit einem Angriff von Außerirdischen zusammenhängen könnte oder ob Chuck Norris härter sei als MacGyver.

Männer benutzen solche Themen als Alibi, als Stellvertreter für die eigentlichen. Und wenn sie dann miteinander anstoßen, haben sie sich und ihre Freundschaft wieder auf den aktuellsten Stand gebracht und ihre Verbindung erneuert. Vielleicht versuchen sie das ja auch mit uns, wenn sie uns vollquatschen. Und wir müssen nur lernen, ihre Codes zu knacken. Und darüber können wir dann mit unseren Freundinnen debattieren. Stundenlang.

»Die Wissenschaft fängt eigentlich erst da an,
interessant zu werden, wo sie aufhört.«
JUSTUS VON LIEBIG IN ›CHEMISCHE BRIEFE‹

GRUND NR. 99

Weil Männer uns früher oder später danken

Hinterher hätte man natürlich immer alles viel besser gemacht. Ganz anders. Und manchmal erkennt man auch erst hinterher, wofür etwas eigentlich gut war. Eine Beziehung zum Beispiel. Auch, wenn sie enden musste.

Mit vor Stolz geschwellter Brust kann ich behaupten, dass alle meine bisherigen Partner sich irgendwann bei mir für die gemeinsame Zeit bedankt haben. Auch, wenn eine Trennung doof war und erst mal Kontaktsperre oder blöde Lästerei angesagt war. Irgendwann, wenn sich ein verletztes Männer-Ego wieder beruhigt hatte, wurde noch jedes Mal eine Versöhnung möglich. Und wenn ihm dann klar geworden war, wie viel er gelernt hat, wie viel Spaß er hatte, welche besonderen Momente man geteilt hat oder auch, wie froh er einfach darüber ist, dass die Zeit mit uns vorbei ist, sah alles schon wieder ganz anders aus.

Und das scheint keine individuelle Dynamik zu sein. Zumindest meinen wunderbaren Freundinnen ging es meist ähnlich. Am Ende waren auch ihre ehemaligen Partner nämlich dankbar. So oder so.

Eine Freundin erzählte mir mal, dass ihr Ex sich bei ihr dafür bedankt hatte, dass sie ihn vor zu vielen Alkohol-Exzessen bewahren wollte und versucht hatte, ihm seine verrückten Kumpels auszureden. Nachdem er nämlich mit diesen Kumpels noch mal richtig Frustsaufen war und danach fast im Koma landete, ist ihm dann schon aufgefallen, dass die Gemeinsamkeit mit ihr ihm mehr gegeben hat, als diese Männerabende es je könnten. Und mit einem Mal sah er die Beziehung, die ihn ja so sehr eingeengt hatte, mit ganz anderen Augen.

Und manche erzählen uns plötzlich das, was wir, als wir noch mit ihnen zusammen waren, so wahnsinnig gern gehört hätten. Aber so manch einer erkennt eben erst, was er hatte, wenn es weg ist. Und weil es dann zu spät ist, kann man sich ganz langsam mit allem versöhnen und einen Sinn darin finden.

»Dankbarkeit macht das Leben erst reich.«
DIETRICH BONHOEFFER IN
›WIDERSTAND UND ERGEBUNG‹

KAPITEL ZEHN

DER REST

*»Ein kluger Mann macht nicht alle Fehler selbst.
Er gibt auch anderen eine Chance.«*
WINSTON CHURCHILL

Weil Männer bei Flirtline-Werbung wegzappen

Ich liebe Fernsehen, ich hasse das Fernsehprogramm. Deshalb liebe ich Zappen, was den Großteil meiner Fernsehzeit in Anspruch nimmt. Für Filme gehe ich lieber einfach ins Kino. Oder ins Internet. Da entscheiden nämlich die schlauen Menschen. In diesem Fall ich.

Wenn ein Mann mir richtig verbunden ist, kriegt auch er ab und an die Fernbedienung in die Hand gedrückt. Zum Beispiel, wenn ich kurz vorm Einschlafen bin. Und zwischen meinem und seinem Zap-Verhalten beobachte ich dann heimlich große Unterschiede. Zum Beispiel, dass Männer immer so etwas wie vorauseilenden Gehorsam zeigen, wenn sie bei den Programmen landen, wo gerade »Sexy Clips« laufen oder Werbung für Erotik- und Seitensprung-Hotlines oder die komischen Rateshows, in denen leicht bekleidete Hässletten lächerliche Quizfragen stellen und Zuschauer zum Anrufen motivieren wollen. Während ich manchmal das eine oder andere Bild so skurril finde, dass ich es mir gern genauer ansehen würde oder auch darüber nachdenken will, was sich die Programmmacher dabei gedacht haben oder wer wohl darauf reagiert, schalten Männer meist einfach weg. Ganz schnell. Ohne Kommentar. Und erst da, wo keine Titten oder G-String-Wackel-Hintern zu sehen sind, hört er mit dem Zappen wieder auf.

Interessanterweise funktioniert das auch mit Zeitungen. Ich teile mir gern meine Zeitung mit meinem Begleiter, wenn wir zusammen im Bus oder in der U-Bahn sitzen. (Funktioniert am besten bei Kleinformatigen wie der »Hamburger

Morgenpost«.) Und auch da gibt es die Doppelseite mit all den Anzeigen von angeblichen Hobby-Huren und anderen abgefahrenen Dienstleisterinnen. Während ich es immer total spannend finde, zu sehen, mit welchen Versprechen die Ladys und Boys die Männer in ihre Etablissements locken, ist auch das eine Seite, die Männer immer ganz schnell überblättern wollen. Wie seltsam. Dabei sind doch sowohl die Puff-Anzeigen als auch die Dating-Lines gerade für Männer gemacht. Warum boykottieren sie die dann so penetrant? Oder gibt es etwa eine geheime Männerwelt, zu der wir Frauen auf keinen Fall Zugang bekommen sollen? Noch nicht einmal einen Einblick? Sind Männer vielleicht viel tiefsinniger und komplexer, als wir dachten? Das wäre ja eine geradezu revolutionäre Erkenntnis!

»Nach der Liebe ist die Eitelkeit die
schönste Leidenschaft des Menschen. Sie zwingt uns,
gut zu sein, aus dem Drang heraus, so zu scheinen.«
GEORGE SAND IN ›LELIA‹

Weil Männer insgeheim von unserer Intuition fasziniert sind

Angeblich sind Männer ja total rational. Trotzdem sehen sie sich Wrestling an und fiebern mit, obwohl das alles nur eine gespielte Performance ist. Aber auch abseits vom Fernsehprogramm ist das Verhalten der Männer nicht immer logisch, selbst wenn sie sich die Logik auf die Fahne schreiben. Und egal, wie oft sie vorgeben, unsere manchmal intuitiven Entscheidungen lustig zu finden, insgeheim beneiden sie uns nicht nur dafür, dass wir auf diese Weise unerklärbar gut durchs Leben kommen, sondern sie sind auch noch richtig fasziniert von unserem sogenannten Bauchgefühl. Dass wir uns oft von unseren Eingebungen leiten lassen und dabei auch noch recht behalten, ist für Männer schwer zu ertragen. Erst recht, weil es keine Regel gibt, die sie befolgen könnten, um auch so einen siebten Sinn zu bekommen.

Und während wir die Wahrsagerin oder das große Liebes-Orakel einfach mal ausprobieren, sucht er sich total logische Gründe dafür, dass das ja alles keinen Sinn macht. Und wenn es dann doch funktioniert, schreit er: »Zufall!« Aber im Endeffekt täuscht er seine Rationalität nur vor und zerbricht sich eifrig den Kopf darüber, wie man das nun erklären kann.

Witzig ist auch, dass Männer oft vor allem in der Gegenwart anderer Männer den Skeptiker geben. Und uns erzählen, dass sie viel feinfühliger sind, und lustige Rituale machen, wenn wir mit ihnen allein sind. Ähnlich wie beim

»Sex and the City«-Film. Den fanden sie auch alle doof, wenn ein anderer Typ im Raum war. Und verrieten dann, dass sie ihn doch richtig cool fanden, wenn man sie allein erwischte. Schade, dass Männer unter ihresgleichen oft nicht zu ihren Überzeugungen stehen können. Aber bis die nächste Evolutionsstufe erreicht ist, können wir uns vielleicht damit trösten, dass die Jungs nur auf hart machen. Und in Wirklichkeit ganz anders sind.

»Jede theoretische Erklärung ist eine Reduzierung der Intuition.«
PETER HØEG IN ›FRÄULEIN SMILLAS GESPÜR FÜR SCHNEE‹

Weil Männer mit einfachen Mitteln wie einer Playstation oder Fußball-Übertragung ruhiggestellt werden können

Nicht immer ist es eine reine Freude, wenn die Männer-Aufmerksamkeit ganz allein auf uns gerichtet ist. Eigentlich können Männer sogar ganz schön nerven. Vor allem, wenn es die eigenen sind. Gut ist dann aber, dass Männer im Allgemeinen nicht multitasking-fähig sind. Das heißt, dass wir nur eine einzige Sache finden müssen, die für ihn interessanter ist als wir, um ihn für eine Weile loszuwerden. Und dafür reichen zum Glück einfache Mittel, auf die wir bei Bedarf leicht zurückgreifen können. Mag er Fußball, was in diesem Land unter Männern ja weit verbreitet ist, gibt es praktischerweise permanent Übertragungen von Qualifikations-, Bundeliga-, Pokal- oder sonstigen Meisterschaftsspielen. Wenn er dazu noch sein Bierchen bekommt, müssen wir uns erst wieder mit ihm beschäftigen, wenn er irgendwann ins Bett stolpert. Und sehr wahrscheinlich schläft er dann auch sehr schnell ein. So wäre also unser Abend gerettet.

Sollten wir nur eine kürzere Auszeit für ein paar Stunden brauchen, tun Playstation, Wii oder eine andere Spielkonsole gute Dienste. Dann kann er sich für eine Weile in die Welt des Wrestlings zurückziehen, Rennen fahren und böse Menschen erschießen. Dabei macht er zwar ab und an komische Geräusche und Bewegungen, aber auf jeden Fall kommt er nicht auf die Idee, uns anzusprechen. Er weiß dann nämlich nicht mehr, dass wir überhaupt existieren. Wenn wir ihn wieder haben wollen, könnte es allerdings kurz schwierig werden. Der Übergang in die wirkliche Welt ist für die meisten Männer gar nicht so leicht. Da mussten schon so einige einen Stecker ziehen oder andere harte Mittel und Wege ergreifen. Und wenn er wütend wird, gilt die gleiche Regel: Wir müssen nur eine einzige Sache finden, die ihn mehr interessiert als sein Groll. Und da fällt uns doch sicherlich was ein …

»*Alte Knaben haben genauso ihr Spielzeug wie die jungen, der Unterschied liegt lediglich im Preis.*«
BENJAMIN FRANKLIN

Weil Männer sich gegenseitig decken und verteidigen

Männern kann man ja vieles nachsagen, das nicht ganz so positiv ist. Aber was ich auf jeden Fall an ihnen bewundere, ist die Loyalität, die sie füreinander aufbringen. Viele würden sich eher die Zunge abbeißen, als einen Kollegen zu verraten. Und selbst wenn sie sich gegenseitig gut zureden und sich darauf aufmerksam machen, dass es vielleicht keine so gute Idee ist, die Ehefrau mit dem gemeinsamen Baby zu Hause sitzen zu lassen, während er sich in den Clubs amüsiert und junge Frauen ohne Gummi abschleppt. Trotzdem würde er es ihr nie verraten. Und er würde sich immer als Alibigeber einspannen lassen, wenn es dem Schwerenöter dabei hilft, seine Ehe zu retten.

Auch wie er sich danebenbenommen hat, als die Jungs gemeinsam losgezogen sind, werden die Kumpels nicht ausplaudern. Erst recht nicht, wenn er wirkliche Scheiße gebaut hat, die sie ihm nie verzeihen würde. Oder wenn er in den nächsten zehn Jahren mit ständigen Check-Anrufen von zu Hause rechnen müsste. Nein, die Jungs halten zusammen, auch wenn sie sich gegenseitig für ihr Verhalten verurteilen. Ganz klar.

Das zu wissen, ist für uns Frauen zwar sicherlich nicht tröstlich, aber eigentlich etwas, woran wir uns ein Beispiel nehmen sollten. Weil wir ja oft nicht anders können, als über andere Frauen zu lästern, bis kein gutes Haar mehr an ihnen bleibt. Und es ganz sicher nicht für uns behalten, wenn sie sich angreifbar machen und wir davon wissen. Manchmal wäre es wohl ganz gesund, sich rauszuhalten und Leute ihre Fehler machen zu lassen. Am Ende bekommt schon jeder seine Lektion, ob wir nun gepetzt haben oder nicht.

»Nur Feinde sagen die Wahrheit; Freunde und Liebende
lügen unendlich, gefangen im Netz der Pflicht.«
STEPHEN KING IN ›SCHWARZ – DER DUNKLE TURM 01‹

Weil es uns zu besseren Menschen macht, Männern zu verzeihen

Menschen machen Fehler. Und Männer machen wahrscheinlich die meisten. Das fängt schon bei unseren Vätern an, geht mit Schulkameraden weiter und dann kommen irgendwann die Kerle, denen wir unser Herz schenken. Nun gibt es natürlich verschiedene Wege, mit diesen Fehlern umzugehen. Wir könnten Männer komplett aus unserem Leben verbannen. Wir könnten ihnen ständig sagen, dass sie durch und durch schlecht sind. Und dann könnten wir noch das machen, was wir uns von ihnen auch wünschen würden, wenn wir mal danebengegriffen haben: ihnen verzeihen. Dafür müssen wir zugeben, dass wir verletzt sind, und ihnen die Möglichkeit geben, sich zu entschuldigen.

Wenn wir ihm deutlich machen, was uns so verletzt hat, bekommt er die Chance, sich in Zukunft anders zu verhalten. So bleibt er nicht in seinem Schuldgefühl hängen und kann auch einen Schritt in seiner Entwicklung weitergehen. Wir könnten vielleicht sogar gemeinsam große Schritte machen und in der Zukunft achtsamer miteinander umgehen. Uns selbst geht es auch besser, wenn wir nicht in einer Wutglocke verharren, sondern den Schmerz loslassen. Das befreit nicht nur, das macht auch glücklich. Und ist letztlich der Beweis dafür, dass wir bessere Menschen sein können.

»Der Schwache kann nicht verzeihen.
Verzeihen ist eine Eigenschaft des Starken.«
MAHATMA GANDHI

Weil Männer nur als Begleitung in Strip-Clubs gehen

Die Amüsierviertel der Groß- und Kleinstädte sind fast komplett auf Männer ausgerichtet. Während vielleicht einmal im Monat eine »Lady's Night« in einem Laden angeboten wird, läuft ein ausgeklügeltes Rund-um-die-Uhr-Unterhaltungsprogramm für die Männer in gefühlten dreihundert Locations. Da gibt es natürlich Tabledance-Bars, Video-Kabinen und allerlei lustige Beschäftigungsmöglichkeiten neben den Laufhäusern und Stundenhotels.

Und während der Markt riesig ist und der Bedarf unendlich zu sein scheint, sind es immer nur die anderen, die diese Dienste in Anspruch nehmen.

Perverse Kollegen von der Arbeit, die alten Schulfreunde, die nie Frauen abkriegen, und andere, die es halt nötig haben. Alles Typen, die unserem Superman, der für Sex natürlich nicht bezahlen muss, niemals das Wasser reichen könnten. Er persönlich hat selbstverständlich kein Interesse an Strip-Shows. Daher gibt es nur einen Grund für ihn, sich in solchen Läden rumzutreiben: Er musste jemanden begleiten. Ob das nun der alte Kumpel ist, der unbedingt auf der Hamburg-Tour durchs Laufhaus geführt werden wollte, oder der Junggesellenabend, bei dem er sich nicht abseilen konnte. Da wäre er ja ein Kameradenschwein. Ein anderer Grund für ihn, sich in diese Lusttempel zu begeben, ist der labile, frisch getrennte oder aus anderen Gründen geschwächte Freund, auf den unser Mann aufpassen muss. Damit der keine Scheiße baut. Er selbst wäre auf keinen

Fall in Gefahr, er weiß ja, was er zu Hause hat und was er wirklich will.

Das einzige Problem ist, dass von denen, die gehen, alle nur Begleitung gewesen sein wollen. Sie sind alle arme Opfer des Gruppenzwangs unter geschlechtsreifen Großstädtern. Aber wenigstens sagt *unser* Mann dabei die Wahrheit.

»Ich bin unschuldig,
solange meine Schuld nicht bewiesen ist!«
BART SIMPSON

Weil Männer schlummern wie Babys, nachdem sie so richtig hart waren (und viel zu viel getrunken haben)

Wie so vieles in der Welt ist auch das Wesen der Männer sehr gegensätzlich. Dichotom, wie man in wissenschaftlichen Kreisen sagen könnte. Es gibt Gut und Böse, Hart und Weich, Süß und Sauer, Yin und Yang, Mann und Junge. Was fliegt, muss auch landen und wer sich freut, wird auch mal traurig sein. Bei unseren Prinzen kann man das manchmal sehr eindrucksvoll beobachten und sich darüber freuen, wie komplex sie doch in Wirklichkeit sind, so komplex, dass wir sie niemals ganz verstehen werden.

Wenn die Jungs am härtesten waren – sprich viel getrunken haben und dabei laut und ordinär gewesen sind –, kommt zum Beispiel direkt im Anschluss das genaue Gegenteil. Ich finde es immer wieder sagenhaft, wie kuschelig, kindchenhaft und hilflos ein besoffener Typ wird, der nur Sekunden zuvor damit gedroht hatte, jemanden zu verprügeln, der nur falsch in seine Richtung geguckt hat. Auf einmal kommen Liebesschwüre aus diesem lallenden Etwas, das sonst zu cool für jede Gefühlsregung ist. Man kann sich nur wundern und den raren Augenblick genießen.

Und dann kommt das friedliche Einschlummern in der Embryonenhaltung. Da liegt er dann und würde es nicht einmal bemerken, wenn ein Erdbeben sein Haus und alles um ihn herum verschlucken würde. Er atmet rhythmisch und sieht aus, als könnte er keiner Fliege etwas zuleide tun. Es steckt eben viel mehr in einem echten Kerl, als man annehmen würde. Manchmal auch ein kleines Baby, das friedlich an seinem Daumen nuckelt. Und sich am nächsten Tag an nichts mehr erinnern kann.

»*Das Alter macht nicht kindisch, wie man spricht,*
Es findet uns nur noch als wahre Kinder.«
JOHANN WOLFGANG VON GOETHE IN ›FAUST I‹

Weil Männer sich darüber freuen, dass wir ihr Leben in Ordnung bringen

Als Frauen machen wir nicht alles mit. Nicht, dass er vielleicht nachts nicht spült, nicht, dass er seine Dreckwäsche am Bettrand stapelt. Oder dass er nur Kopfschmerztabletten im Kühlschrank lagert. Will er unser Leben teilen, muss er mit ein paar alten Angewohnheiten brechen. Und auch, wenn diese Veränderungen zum Teil erst mal erbitterte Gegenwehr hervorrufen, heißt er sie später oft freudig willkommen.

Weil er jetzt doch endlich einen Grund dafür hat, auf sich und seine Umgebung zu achten. Sich ein schönes Umfeld zu schaffen. Und mit dafür zu sorgen, dass es in seinem Zuhause nicht mehr stinkt. Und auch nicht klebt oder wuchert. Dass es ab und an frische Wäsche und frische Luft gibt und ein paar Zutaten da sind, aus denen man ein Abendessen zaubern kann, ohne Dosenöffner und Mikrowelle. Und, während er sein wohlriechendes, sauberes Heim kennenlernt, stellt er plötzlich fest, dass es echt angenehm ist mit Sauerstoff und Grünpflanzen im Schlafzimmer.

Also freut er sich, auch wenn er sein Ego ab und an daran erinnern muss, dass er sich auf keinen Fall *für sie* verändert hat. Das beweist er sich, indem er noch mal Bierdosen unter dem Bett sammelt und seinen Mülleimer überquellen lässt, wie in guten alten Zeiten. Nur um zu merken, dass das auch nicht mehr das Richtige für ihn ist.

Manch einer braucht einfach eine Frau als Ausrede, damit er seinen Kumpels erzählen kann, dass die Duftlampe rein gar nichts mit ihm zu tun hat. Während er insgeheim mit ätherischen Ölen experimentiert, um die perfekte Entspannungsmischung hinzukriegen.

»Bring täglich deine Frau zum Lachen
und lass nie die Unterwäsche rumliegen.«
MEL GIBSON

Weil Männer unglaublich gut kochen können (wenn sie wollen)

Jamie Oliver und Tim Mälzer beweisen eindrucksvoll, dass Männer die Fähigkeit haben, in der Küche etwas Großartiges zustande zu bringen. Aber nicht nur die Profi-Köche im Fernsehen haben es drauf, auch Hans, Franz, Ali und Jermaine, denen wir tagein, tagaus begegnen. Manche von ihnen haben nur ein einziges Gericht, das sie bei ganz besonderen Gelegenheiten mit großer Hingabe zubereiten. Das haben sie dann aber auch fehlerfrei drauf. Andere haben ein ganzes Sortiment von Rezepten oder wissen sogar, dass man im Internet etwa eine Milliarde Rezepte finden und anschließend ausprobieren kann.

Mein Bruder zum Beispiel ist ein Meisterkoch. Und das nicht nur am Wochenende. Er besitzt Kochbücher, mag Kochsendungen und experimentiert ausdauernd mit den neuen Zutaten aus der Biokiste. Und er hat das ganze fränkische Arsenal drauf: Braten mit Klößen vom Schäufele bis zur Schweinshaxe. Vor vegetarischen Gerichten empfindet er leider einen gewissen Respekt und wagt sich nur an sie heran, wenn ich danebenstehe. Aber er kocht, die Rollenverteilung ist zwischen uns genauso klar wie zwischen ihm und seiner Frau. Und jetzt bloß nicht denken, er wäre ein Öko-Hausmann. Nein, er arbeitet hart und trägt dabei Verantwortung und Anzug. Und mit seinen Kreationen flößt er allen Männern in seinem Umfeld so viel Respekt ein, dass sie sich gar nicht mehr an den Herd trauen. Erst mal. Später, wenn sie die Vorteile sehen und Ehrgeiz entwickeln, lassen sie es sich von ihm beibringen und machen vielleicht sogar einen Kochkurs. Und wenn es auch nur um einfache Gerichte geht, finden sie plötzlich Freude daran, etwas mehr in der Küche zu machen, als eine gelieferte Pizza aufzuwärmen.

Und ich kann nur sagen, die Dates, wo die Männer sich für mich und unser romantisches Candlelight-Dinner zuerst an die Supermarktkasse und dann vor den Herd gestellt haben, um etwas nur für mich zu zaubern, waren tatsächlich oft die, wo ich bemerkt und für mich beschlossen habe, dass genau dieser Mann es wert ist, meine Zeit mit ihm zu verbringen. Und egal, wie es geschmeckt hat, ich fand den Mann dann unglaublich gut. Und habe ihn nicht vergessen. Danke, Urs, für die Thai-Nudeln. Steffen, für die gebackene Bananen. Jonas und Marcin für abertausend Leckereien. Und ich danke auch dem wundervollen Richard dafür, dass er immer wieder die Männerehre aufrechterhält.

» Wenn alle Künste untergeh'n,
die holde Kochkunst bleibt bestehen. «
GEORGE MEREDITH IN ›RICHARD FEVERELS PRÜFUNG‹

Weil Männer sich so gern um uns kümmern

Alles, was Männern fehlt, damit sie sich intensiv um uns und unsere Bedürfnisse kümmern können, ist das Wissen, worin diese Bedürfnisse eigentlich bestehen. Was Frauenwünsche anbelangt, sind oft die wildesten Gerüchte im Umlauf. Und da zwischen den Geschlechtern nicht immer genügend Gespräche stattfinden, geraten Männer auf den Holzweg. Aber wenn sie erst mal wissen, was die Frauen sich wünschen, gibt es kein Halten mehr. Dann wird sich gekümmert, was das Zeug hält.

Manchmal ist es leider so, dass Männer, die bei einer Frau einen bestimmten Wunsch entdeckt haben, diesen Wunsch bei allen folgenden Frauen auf genau die gleiche Weise erfüllen wollen. Weil es ja beim ersten Mal so wahnsinnig gut funktioniert hat. Und das geht natürlich nicht. Jede Frau ist ja anders. Also ist es unsere Aufgabe, dem Mann unseres Herzens möglichst deutlich zu zeigen, was uns glücklich macht. Und wenn ihm auch nur ein kleines bisschen an uns liegt, wird er nichts lieber tun, als uns die kleinen und großen Wünsche zu erfüllen. Weil er unser Held sein will. Wenn wir ihm sagen, was wir uns wünschen, kümmert er sich gerne um uns und steigt dann mit unserer Hilfe auf in den Superhelden-Olymp.

»Richtiges Auffassen einer Sache und Missverstehen der gleichen Sache schließen einander nicht vollständig aus.«
FRANZ KAFKA IN ›DER PROZESS‹

Weil Männer bei gleicher Arbeit mehr verdienen – und dann gern mit uns teilen

Das Leben ist unfair. Das System erst recht. Viele Gruppen werden konsequent benachteiligt. Die Gruppe, die dabei noch nicht einmal eine Minderheit, aber trotzdem betroffen ist, sind die Frauen. Wir sind zwar schlauer und in Schule und Studium erfolgreicher, aber wir werden seltener eingestellt, befördert und kriegen in der gleichen Position weniger Geld als unsere männlichen Kollegen.

In Vorständen und Aufsichtsräten landen wir so gut wie nie und unter den von Männern fabrizierten Krisen leiden wir mehr als sie. Unfair und mittelalterlich, keine Frage. Und sicherlich nichts, was noch lange so weitergehen sollte. Aber während wir gegen die strukturellen Ungerechtigkeiten kämpfen, können wir zumindest einen kleinen individuellen Ausgleich schaffen. Indem wir die Männer bezahlen lassen. Für die Dates, unsere Taxifahrt nach Hause und womöglich auch für die Kleidung, die sie so gern an uns sehen. Wir können unabhängig bleiben, auch wenn er Geld für uns ausgibt. Das macht er nämlich nur, um sein Gewissen zu beruhigen, weil er insgeheim weiß, dass sein Gehalt nicht aus sinnvollen oder gerechten Gründen höher ist als unseres.

» Wenn eine Sache nicht gemindert wird,
da man sie mit anderen teilt, ist ihr Besitz unrecht,
solange man sie nur allein besitzt und nicht mit anderen teilt.«
AUGUSTINUS VON HIPPO IN ›DE DOCTRINA CHRISTIANA‹

Weil Männer uns Frauen zu Füßen liegen

Wenn wir Frauen mal ganz ehrlich sind, geht das Liebenswerte an Männern weit über praktische oder unterhaltsame Gründe hinaus. Das Tollste an Männern ist, dass sie uns verehren, uns begehren und uns zu Füßen liegen. Dass sie sich wunderbare Dinge einfallen lassen, um uns ihre Liebe zu demonstrieren. Sie wissen ganz genau, dass sie es ohne uns niemals aushalten könnten. Deshalb richten sie ihr ganzes Leben nach uns aus.

Männer haben mir die intensivsten Momente meines Lebens bereitet. Und dabei spreche ich noch nicht einmal von Sex. Daher könnte ich eine ganze Weile damit fortfahren, Gründe aufzuzählen und Geschichten von den wundervollen Männern zu erzählen, die mir bisher begegnet sind. Aber wahrscheinlich ist es besser, wenn sich jede von uns selbst auf die Suche begibt. Oder ganz in der Nähe ein bisschen genauer hinschaut. Man muss nur die Augen öffnen. Und zuhören, wenn sie uns mit Worten verwöhnen. Fühlen, wenn der Körper involviert ist. Und es genießen, dass man mit Männern auch wunderbare Freundschaften haben kann. Zum Pferdestehlen und so. Und selbst, wenn es nicht den Einen für die Ewigkeit geben sollte, sind da sicherlich viele auf dem Weg, mit denen man wunderbare Momente erleben kann. Frau muss sich nur trauen. Aber dafür sind wir als mutigstes der Geschlechter ja prädestiniert.

»Es ist das schönste Geschenk für einen Mann auf der Welt,
eine Frau zu finden, die ihm mit jedem Tag mehr gefällt.«
PRINZ PI IN ›LIEBES LIED 2007‹

111 GRÜNDE, FRAUEN ZU LIEBEN

EINE WUNDERBARE LIEBESERKLÄRUNG AN DAS SCHÖNE GESCHLECHT
GESCHRIEBEN MIT CHARME, WITZ UND WEISHEIT

»Der Autor Richard Christian Kähler hat in 111 knappen und kurzweiligen Kapiteln eine einzige Ode an das weibliche Geschlecht verfasst. 111 sehr realitätsnahe, sehr heutige Gründe, Frauen zu lieben. Und man kann eigene Gründe finden. Anlass gibt es genug.«
Badische Neueste Nachrichten

RICHARD CHRISTIAN KÄHLER
111 GRÜNDE, FRAUEN ZU LIEBEN
EIN LOBGESANG AUF
DAS SCHÖNE GESCHLECHT
200 Seiten, Taschenbuch
ISBN 978-389602-807-5
9,90 EUR (D)

»»Männer kann man analysieren, Frauen ... nur bewundern‹, wusste schon Oscar Wilde. Richard Christian Kähler kann dem nur beipflichten und bewundert, was das Zeug hält: weil Frauen beim Tanzen so aufregend sind, weil sie die beste Laune der Welt haben oder einfach fragen, wenn sie etwas nicht wissen ... Gründe, um Frauen zu verehren, findet Kähler genug. Diese verpackt er humorvoll in anschauliche kurze Kapitel.« *Hörzu*

»Hübsch? Nein. Keck? Auch nicht. ›Es musste etwas ganz anderes gewesen sein, was mich diesen nur sekundenlangen Moment zwischen uns nie hat vergessen lassen.‹ Da war der Autor gerade mal 10 Jahre alt und das damals kleine Mädchen hat er nie wieder gesehen. Gut so, vermutlich hätte er sich sonst nie auf diesen Moment besonnen und nie wären ihm stattliche 111 Gründe, hübsch in kurzen Kapiteln verpackt eingefallen, warum Frauen eben einfach liebenswert sind. Eine bezaubernde Liebeserklärung ans weibliche Geschlecht, bei der nicht vergessen wird zu erwähnen, ›was für wunderbare Menschen ja auch wir Männer sind‹ – na Gott sei Dank!« *literature.de*

»Jeder einzelne Grund klingt wie eine Liebeserklärung und wird mit Kählers eigenen Erfahrungen untermauert. Dazu gibt es Sprüche und Aphorismen – ein leichter, höchst amüsanter Lesegenuss.« *melodie & rhythmus*

»Richard Kähler stimmt in seinem Büchlein einen Lobgesang auf das schöne Geschlecht an.« *BZ*

ANAIS

SCHANZEN-SLAM

LEA, TINE UND PAULA MACHEN DIE SCHANZE UNSICHER – DREI FREUNDINNEN AUF DER SUCHE NACH DEM GROSSEN GLÜCK

»Meine Welt besteht aus Worten. Sie sind alles für mich: Erotik, Liebe, Sehnsucht, Hass, Wut, Verletzung und vor allem kleine Bausteine für Geschichten und Gedichte, für Charaktere und Beziehungen, für alles, was in und außerhalb von mir passiert. Wenn meine Worte bei anderen etwas auslösen, bin ich glücklich.«
Victoria B. Robinson

Victoria B. Robinson
SCHANZEN-SLAM
ROMAN
ANAIS BAND 9
ca. 224 Seiten, Paperback
ISBN 978-3-89602-556-2
9,90 EUR (D)

Drei gute Freundinnen zwischen Ende zwanzig und Ende dreißig – Lea, Tine und Paula – treffen sich bei einem Poetry-Slam. Sie leben und lieben im schillernden Schanzenviertel in Hamburg, dem Zentrum der alternativen Popkultur, einer Welt der ständig wechselnden Möglichkeiten.

Aber genau dieses Gefühl, dass nichts stillsteht, stimmt sie gelegentlich nachdenklich. Müssten sie nicht auf dem Höhepunkt ihres Glücks angekommen sein? Warum fühlt es sich nicht so an? Sind ihre Ansprüche etwa zu hoch?

Lea, eine Studentin, ist zwischen Kevin, ihrem Freund, und Dave, einem charmanten Fotografen, hin und her gerissen. Tine hat die Nase gestrichen voll von der Eintönigkeit ihres Alltags

und auch von ihrem Freund Max, einem Langweiler. Paula drückt sich vor der Liebe, sie hat wahllos Sex und fühlt sich eigentlich ganz wohl damit – wenn da nicht ein ganz kleiner Zweifel bliebe ...

Alle drei haben sich für ein Leben entschieden, in dem ihre Freundschaft, ihre Gespräche, ihr gemeinsames Träumen die einzigen Konstanten sind. Werden sie diesen Weg weitergehen und irgendwann ihr großes Glück finden? Oder werden sie es wagen, ganz auszubrechen?

»Was ich an Lea, Paula und Tine so gern mag, ist, dass sie sich entwickeln. Dass sie an bestimmten Punkten Konsequenzen ziehen und etwas Neues versuchen beziehungsweise etwas Altes beenden.« Victoria B. Robinson

WWW.ANAIS.DE

Victoria B. Robinson
111 GRÜNDE, MÄNNER ZU LIEBEN
Ein Lobgesang auf das starke Geschlecht

ISBN 978-3-89602-888-4
© Schwarzkopf & Schwarzkopf Verlag GmbH, Berlin 2009
Lektorat: Ulrike Fischer | Covergestaltung: Natalie Reed

BILDNACHWEIS

Titelbild: Alle Fotografien stammen von photocase.com | © bei den nachstehenden Fotografen, alle Angaben von links nach rechts in der jeweiligen Zeile. **Covervorderseite – Erste Reihe:** YariK | spacejunkie | Nicklp | time2share | ringo | kashamara | **Zweite Reihe:** paulistano | AllzweckJack | Yoshitaka | Kinkimono | bauchgefühl | Hallan | **Dritte Reihe:** Thomas K. | .daumenkino. | **Vierte Reihe:** kallejipp | chriskuddl | **Fünfte Reihe:** mathias the dread | DerLukas | ***jojo | Stratego | nudi | subwaytree | **Sechste Reihe:** Martin Wolf | Samuel Schliske | Fry2k | shadowtricks | **Siebte Reihe:** katharina balgavy | spacejunkie | Jens Lorenberg | Mikromaus | noxsulivan | sebastian schubanz | **Achte Reihe:** Steffen Jahn | kallejipp | Schneekind | lisa mettier aka gschpænli | **Neunte Reihe:** spacejunkie | SoulChic | frau.L. | viktormatic | bonanza_a | spacejunkie | **Cover-rückseite – Erste Reihe:** YariK | spacejunkie | Nicklp | time2share | ringo | kashamara | **Zweite Reihe:** paulistano | AllzweckJack | Yoshitaka | Kinkimono | bauchgefühl | Hallan | **Dritte Reihe:** Thomas K. | .daumenkino. | **Vierte Reihe:** kallejipp | chriskuddl | **Fünfte Reihe:** mathias the dread | subwaytree | **Sechste Reihe:** Martin Wolf | shadowtricks | **Siebte Reihe:** katharina balgavy | DerLukas | Stratego | nudi | sebastian schubanz | **Achte Reihe:** Steffen Jahn | kallejipp | Schneekind | Mikromaus | noxsulivan | lisa mettier aka gschpænli | **Neunte Reihe:** spacejunkie | SoulChic | frau.L. | viktormatic

KATALOG
Wir senden Ihnen gern kostenlos unseren Katalog.
Schwarzkopf & Schwarzkopf Verlag GmbH
Kastanienallee 32, 10435 Berlin
Telefon: 030 – 44 33 63 00 | Fax: 030 – 44 33 63 044

INTERNET | E-MAIL
www.schwarzkopf-schwarzkopf.de
info@schwarzkopf-schwarzkopf.de